사도행전에서 리더십을 배우다

사도행전에서 리더십을 배우다

리더의 14가지 핵심 가치

초판 1쇄 인쇄 | 2021년 11월 03일
초판 1쇄 발행 | 2021년 11월 10일

지은이 | 이재기
발행인 | 강영란
편집 | 강혜미, 권지연
디자인 | 트리니티
마케팅 및 경영지원 | 이진호

펴낸곳 | 샘솟는기쁨
주소 | 서울시 충무로 3가 59-9 예림빌딩 402호
전화 | 대표 (02)517-2045
팩스 | (02)517-5125(주문)
이메일 | atfeel@hanmail.net

홈페이지 | https//blog.naver.com/feelwithcom
페이스북 | https//www.facebook.com/publisherjoy
출판등록 | 2006년 7월 8일

ISBN 979-11-89303-63-1(03230)

리 더 의 14 가 지 핵 심 가 치

사도행전에서
리더십을 배우다

이재기 지음

샘솟는
기쁨

초대 교회 리더십을 배우다!

성경적인 리더십은 과연 무엇일까요? 그리스도인을 대상으로 리더십 모델을 소개하면서 인문학의 힘을 빌리기도 합니다. 성경적 리더십을 다룬 책과 세미나에서 성경 인물 됨됨이를 설명하거나, 리더의 자질을 삶의 교훈과 의미에서 찾아 소개하기도 합니다.

그런데 이번에 이재기 교수님께서 성경적 리더십의 모범 답안을 제시하였습니다. 전능하신 하나님 손에 붙잡힌 인생이 어떤 인격인지, 무엇을 외쳤는지, 누구를 의지하면서 길을 걸어갔는지 사도행전을 철저하게 연구하여 제시하였습니다.

하나님 말씀에 명료하게 기초한 것이 이 책이 지닌 최고의 가치입니다. 무엇보다 하나의 주제에 사도행전 전체를 관통해서 더욱 설득력을 가집니다. 이 책을 정독하십시오. 쓰임받기 위해 이런저런 자질을 갖추기보다 하나님 마음에 합한 리더가 되고, 하나님 손에 붙잡힌 사람이 되고 싶은 간절한 소원이 생겨날 것입니다.

김관성 목사 | 행신교회 담임, 『본질이 이긴다』 저자

요즘 주위에서 '사람은 많은데 사람이 없다'는 말을 자주 듣습니다. 아마 지도자의 부재를 한탄하는 말이겠지요. 가정과 교회는 물론 기관과 국가에 이르기까지 모두 참다운 지도자를 갈급해 하고 있습니다. 이러한 시기에 하나님의 말씀에 근거한 리더십 책이 출간되어 기쁜 마음을 금할 수 없습니다.

특히 이 책은 사도행전이라는 하나의 책에서 지도자의 자질을 섬세하게 뽑아내어 강해하고 있습니다. 이 통찰력 있는 강해를 통해 목회자뿐 아니라 교회 직분자들, 그리고 가정의 부모에 이르기까지 우리 모두의 리더십이 향상되었으면 좋겠습니다. 리더십 부재로 위기를 겪는 현대 사회에 이 책이 한 모금의 시원한 생수가 되기를 간절히 바라봅니다.

박정근 목사 | 영안교회 담임, 극동방송 설교자

저자가 테네시 템플대학 설립자였던 리 로버슨(Lee Roberson)의 말을 인용한 것처럼 '모든 성패는 리더십에 달려 있다'고 해도 과언이 아닙니다. 지난 30년간 몸담아 온 기관에서도 리더의 태도에 따라 종사자들이 롤러코스터를 타는 듯한 심한 영향을 받는 것을 보았습니다. 한국 사회는 리더의 중요성이 그 어느 때보다 엄중하고, 특히 교계는 본받아 따를 리더의 필요가 절실합니다. 이런 상황에서 저자의 리더

십 책이 출간되어 얼마나 감사한지 모릅니다.

이 책은 사도행전 전체를 리더라는 주제로 조명했다는 점에서 그 가치가 큽니다. 특히 초대 교회 수많은 사건 속 사도행전을 새로운 관점으로 제시했습니다. 2천 년 기독교 역사에서 가장 핍박이 혹독했던 초대 교회 리더십이야말로 오늘 우리에게 본이 되고 모범이 된다는 것을 누구도 부인할 수 없을 것입니다.

이 책은 이재기 목사님과 함께 이야기를 나누는 것 같습니다. 해박한 지식은 물론 유머와 진정성까지 감동입니다. 담임목사이자 대학교수인 저자는 오히려 자신이 부끄럽다고 고백하셔서 더욱 공감하게 합니다. 어떤 직위를 가진 사람만이 아니라 우리 모두 리더일 수 있습니다. 이 책은 선한 영향력을 끼치기 원하는 그리스도 안의 모든 분에게 유익을 줄 것이라 확신합니다.

손창남 목사 | 죠이선교회 대표, 전 한국 OMF 대표

사도행전은 부활행전 또는 성령행전이라고도 불립니다. 예수님의 부활을 목격하고 변화된 제자들의 행전이며, 성령강림 이후 사역하는 사도들을 통해 성령의 생생한 역사를 보여주는 행전, 크리스천 리더 행전입니다. 부활의 주님을 체험하고 성령의 능력을 덧입은 초대 교회 리더의 모습에서 리더가 갖추어야 할 핵심 덕목을 자세히 보여주기 때문입니다.

책 제목이 『사도행전에서 리더십을 배우다』입니다. 교회가 태동되어 확립되고 확산되고 확장되는 격변기의 혼돈과 핍박 중에도 하나

님의 역사를 이루는데 쓰임받은 리더의 자질을 저자의 세심한 관찰과 깊은 묵상, 뛰어난 통찰력을 통해 만나게 됩니다.

저자가 발견한 리더십의 14가지 원리는 놀랍게도 사도행전 흐름에 순차적으로 맞추어 일목요연하게 다룹니다. 늘 그러하듯이, 저자의 빼어난 문장력은 쉽고 재미있고 감동있게 그리고 도전적입니다. 저는 이 책을 감히 크리스천 리더십의 교과서, 리더로 살아야 할 모든 그리스도인의 필독서로 강력히 추천합니다.

이재학 목사 | 디모데성경연구원 대표

이 책에는 세상에서 살아가지만 예수 그리스도 이름으로 세상을 변혁하고 교회를 건강하게 세워야 할 크리스천 리더가 가슴에 새겨야 할 메시지가 가득합니다. 무엇을 어떻게 해야 할지에 대한 구체적 고민과 사도행전이라는 하나님 말씀에 근거한 실천적 대안 제시가 고개를 끄덕이게 합니다. 이 책은 기독교계와 교회에 저자가 제시한 리더십의 성경적이고 실제적인 원리를 통해 경건하고 유능하며 건강한 영적 리더를 세우는 데 귀한 밑거름이 될 것입니다.

함병우 대표 | 교육학박사, 리더십퍼실리테이터 대표

차례 ──────

예수 그리스도의 교회를 이끈
리더들의 이야기

한 나라의 대통령이 누가 되느냐에 따라 나라의 모습은 달라질 것이 분명하다. 자격을 갖춘 훌륭한 리더가 그 자리에 앉으면 나라가 지금보다 더 좋아질 것이고 그 반대의 경우이면 나라는 어려움을 겪게될 것이다.

다시 말해 누가 리더의 자리에 앉느냐에 따라 세계 일류 국가로 발돋움할 수도 있고, 더 나빠질 수도 있으며 심지어 망국의 길로 접어들수도 있다. 이것은 국가뿐 아니라 기업, 스포츠팀, 학교, 그리고 교회와 가정에도 마찬가지이다. 바람직한 리더십이 있을 때 그것들은 더 좋아지고 발전하게 될 것이며 그렇지 않을 때는 반대의 결과가 있게된다.

테네시 템플대학의 설립자였던 리 로버슨이 "모든 것의 성패는 리더십에 달려 있다.(Everything rises or falls on leadership)"고 했는데 그 말은 결코 과언이 아니다. 2002년 한일 월드컵 때, 우리는 거스 히딩크(Guus Hiddink)라는 한 걸출한 감독의 리더십이 대한민국 축구팀이라는 조직에 어떤 영향을 끼치는지를 분명히 목격했다. 그랬다! 한국 축구 대표팀의 성패는 리더십에 달려 있었다.

로버슨의 그 말은 평상시에도 사실이지만 지금과 같은 위기의 때에는 더욱 그렇다. 유례없는 팬데믹으로 인해 많은 국가와 단체가 위기를 맞고 있으며 한국 교회는 더 말할 것도 없다.

불행히도 팬데믹 사태를 겪으면서 교회에 대한 사회의 호감도와 신뢰도는 땅에 떨어졌으며 사회적 거리두기와 같은 여러 가지 제약으로 교회는 내부적인 위험에 직면해 있다. 하여 많은 사람이 '교회에 미래가 있을까'라는 질문을 던지며 염려하고 두려워한다. 이럴 때 교회에 필요한 것은 다른 어떤 것보다 경건하고 유능하며 건강한 리더십이다.

그 리더십은 지역 교회의 경우 담임목회자와 교역자 같은 전문적 리더의 리더십을 포함한다. 그러나 그게 다가 아니다. 소그룹 리더와 다양한 사역팀 리더, 그리고 주일 학교와 다음 세대 사역의 교사와 같은 소위 평신도 리더십도 필요하다. 많은 사람이 리더십을 조직의 꼭대기에 있는 사람만이 행사할 수 있는 무엇이라고 잘못 생각한다.

그러나 리더십의 전문가인 존 맥스웰(John Maxwell)이 자신의 저서 『360도 리더』에서 주장한 것처럼 누구나 자신이 소속된 조직 내에서 직급과 직분에 상관없이 어느 위치에서든 상하좌우로 리더십을 발휘할 수 있다. 이것은 교회의 수많은 평신도 리더에게 바로 적용된다.

그들이 자신의 리더십 역량을 계발하여 담임목회자 및 교역자와 함께 교회에 건강한 리더십을 제공하는 가운데 성도에게뿐 아니라 교회 바깥의 비그리스도인에게까지 선한 영향을 미칠 때 교회는 위기 상황을 돌파하고 새로운 희망을 볼 수 있을 것이다.

물론 이는 그리스도인이 경영하는 사업체 또는 그가 속한 회사의 부서, 또는 그리스도인의 가정도 마찬가지이다. 거기에 어떤 리더십이 제공되느냐에 따라 그 사업체, 그 부서, 그 가정의 모습은 매우 달라질 것이다.

이를테면 당신이 한 가정의 부모라고 하자. 부모로서 크리스천 리더십에 대한 자신의 책임을 인식하고 받아들이는 가운데 가정을 잘 이끌고 자녀들에게 본을 보임으로 선한 영향을 미치며 그들을 하나님의 뜻과 계획에 맞도록 인도한다면 어떨까? 그 가정은 반석 위에 세워진 집처럼 삶의 풍파 가운데서도 요동하지 않고 주변의 비그리스도인 가정에까지 긍정적인 영향을 줄 수 있게 될 것이다.

이 책은 그런 인식 위에서 교역자 그룹뿐 아니라 평신도 리더들의 리더십 계발에 도움을 주기 위해 쓰였다. 그 목적을 위해 텍스트로 삼은 책은 신약 성경에 있는 사도행전이다. 존 맥스웰은 성경을 리더십의 교과서라고 말한 적이 있는데 사도행전은 더욱 그러하다.

사도행전이 무엇인가? 사도들의 행적을 기록한 책이 아닌가? 그 사도들은 바로 예수 그리스도의 교회를 이끌어 간 리더들이다. 그것도 1세기의 열악하고 적대적인 상황에서 교회의 진정한 부흥을 이끌어 낸 매우 탁월한 리더들이다. 그들은 예루살렘 교회의 일곱 집사와 같은 소위 평신도 리더십을 세웠고 그들과 함께 그야말로 세상이 감당치 못할 교회를 세워 나갔다.

따라서 이 책은 사도라는 리더들과 그들이 사역한 교회들의 모습을 살펴보면서 오늘날 우리가 배워야 할 리더십의 요소들을 하나하나 밝히고 그것이 이 어려운 시대를 지나가는 크리스천 리더들에게 주는 교훈을 나누려 한다.

각 챕터의 끝에는 그룹 나눔을 할 수 있도록 본문의 내용에 기초한 질문들을 실어 놓았고 성경 본문은 특별한 경우가 아니면 새번역을 사용하였다. 목회자들은 이 책을 교회의 중직자와 소그룹 리더들을 위한 리더십 훈련용으로도 사용할 수 있을 것이다. 부서의 교사들과 가정의 부모들도 자신들의 리더십을 향상시키는 일에 이 책을 활용할 수 있겠다.

모쪼록 이 작은 책이 한국 교회가 직면한 이 위기 상황 가운데서 우리 믿음의 선조인 사도들의 뒤를 이어 상황을 바꾸고 국면을 전환하며 참된 부흥을 경험하기 원하는 모든 크리스천 리더와 '워너비' 리더들에게 조금이라도 도움이 되었으면 좋겠다. 그래서 교회가 다시 세상의 빛과 소금으로서 역할을 감당하게 되고 크리스천 리더들이 선한 영향을 끼치며 사람들로 하여금 하나님께 영광을 돌리는 데 쓰임을 받았으면 좋겠다.

이 책을 읽고 몇몇 사람이라도 예수 그리스도와 그 나라를 위해 영향력의 범위가 커지고 리더십 역량이 더 성장하며 건강한 교회를 세

우는 리더로 발돋움하는 일이 있다면 글을 쓰느라 보낸 시간과 수고
들이 조금도 아깝지 않을 것이다.

2021년 10월 초헌도서관에서 가을을 재촉하는 비를 보며

저자 이재기 목사

Learn leadership in the Acts of the Apostles

성령, 리더의 파워 소스

사도행전 1:12-26

오스왈드 샌더스(J. Oswald Sanders)가 그의 역작 『영적 지도력』에서 쓴 것처럼 리더십은 영향력이다. '影響力(영향력)'이라는 한자의 力은 힘, 즉 능력이라는 의미를 포함한다. 능력 없이 영향을 미칠 수 없으며 사람들을 이끌 수 없다는 뜻이다.

리더가 되려면 어떤 능력이 필요할까? 사람들은 소통의 능력, 관계의 능력, 지식의 능력, 의지의 능력, 재물의 능력, 권세의 능력 등을 말할 것이나 그것만으로는 지속적이고 깊은 영향을 미칠 수 없다. 불필요하다는 뜻은 아니지만 그리스도인으로서 그리고 리더로서 우리에게는 그 이상의 것이 필요하다.

이스라엘이 바벨론 유배에서 돌아왔을 때 스가랴 선지자는 성전 재건의 과업을 수행하던 총독 스룹바벨에게 "힘으로도 되지 않고, 권력으로도 되지 않으며, 오직 나의 영으로만 될 것이다."(슥 4:6)라는 하나님의 말씀을 전했다. 인간의 힘과 능력, 세상적인 권세만으로는 되지 않는다는 말이다.

선배 목사님 가운데 한 분은 오랜 사역의 경험 후 "내 힘과 성령의 힘을 비교하자면 호미로 일하는 것과 포클레인으로 일하는 것을 생각하면 된다"고 하셨다. 그분은 비범한 능력을 지닌 분이었다. 미국의 명문 신학대학원에서 상당히 빠른 시간 안에 신학박사 학위를 받았으며, 여러 책을 저술한 학자였다. 한국에서 손꼽히는 강해설교자였으며 열정과 의지력이 뛰어난 분이었다. 그런데도 자신의 힘은 그저 호미로 땅을 께적거리는 것에 불과하다고 고백했다.

예수 그리스도를 믿는 크리스천 리더로서 참된 영향을 미치기 원한다면, 사도행전적인 건강하고 역동적인 교회를 세우려면 우리에게는 성령의 능력이 필요하다. 알다시피 성령은 전능하신 하나님의 영이다. 그분은 성부, 성자 하나님과 함께 성삼위일체를 구성하는 제3위 하나님으로서 우리가 예수님을 믿을 때 우리 안에 들어와 영원히 함께하신다.

신학적인 용어로 이것을 성령의 내주(內住)라고 말한다. 이 성령은 오늘날 믿는 자와 함께하시며 도우시는 분이다. 그분은 또한 하늘의 능력을 주셔서 사람의 영혼에 영향을 끼치게 하신다. 사도행전 1장 8절 말씀이 이를 잘 묘사한다. "그러나 성령이 너희에게 내리시면, 너희는 능력을 받고, 예루살렘과 온 유대와 사마리아에서, 그리고 마침내 땅 끝까지 이르러 내 증인이 될 것이다."

성령이 오시면 능력을 받아 내 지역뿐 아니라 땅 끝까지 예수님의 증인이 될 수 있다고 하셨다. 예수님을 증거하는 증인으로서 진정 영향력 있는 삶을 살 수 있다는 말씀이다. 그러면 우리는 어떻게 이 성령의 능력을 받을 수 있을까? 선한 영향을 미치고 건강한 교회를 세우는 영적 리더의 궁극적 힘을 어떻게 취할 수 있을까?

기대하는 믿음

사도행전 1장에서 제자들은 부활하신 예수님이 승천하신 후 인근의 올리브 산에서 다시 예루살렘으로 돌아왔다. "그들은 올리브 산이라고 하는 산에서 예루살렘으로 돌아왔다. 그 산은 예루살렘에서 가까워서, 안식일에도 걸을 수 있는 거리에 있다."(행 1:12) 그들이 그렇게 한 것은 아버지께서 보내실 성령이 오시기까지 제자들이 계속 예루살렘에 머물러 있을 것을 주문하신 예수님의 명령 때문이었다(행 1:4-5). 주님의 그 말씀으로 인해 제자들은 다시 예루살렘으로 돌아왔던 것이다.

사실 그것은 쉬운 일이 아니었다. 예루살렘은 스승인 예수가 십자가 처형을 받은 곳이며 적대자들이 우글거리는 곳이다. 당시 최고의 인기를 누리던 스승을 십자가에 못 박은 자들이 제자들에게 어떤 짓을 할지 누가 알겠는가? 게다가 그곳은 아는 사람도 없는 낯선 곳이었고 유대교 센터인 성전이 있는 위험한 곳이었다. 그럼에도 그들은 주님의 말씀에 순종하여 예루살렘으로 돌아왔다.

무엇이 그들로 하여금 이런 선택을 하게 했을까? 그들은 왜 보다 안전하고 익숙한 고향 갈릴리 지방이나 유대의 골짜기로 가지 않고 예루살렘으로 다시 왔을까? 왜 그랬을까? 그들에게는 기대하는 믿음이 있었기 때문이다. 얼마 있지 않아 성령이 오셔서 능력으로 역사하실 것이라는 사실에 대한 기대와 믿음이었다.

우리 또한 지금도 성령께서 나를 통해, 그리고 우리를 통해 역사하신다는 기대와 믿음을 가져야 한다. 베드로나 요한과 함께하셨던 그 성령께서 지금도 믿는 우리 안에 생생히 살아 계심을 인식해야 한다. 그분은 바로 이 순간에도 누군가의 영혼을 살리고 누군가의 마음을 감동시키며 누군가의 질병을 기적적으로 치유하신다. 이 사실을 믿는가?

몇 년 전 중학교 때 친구로부터 전화를 받았다. 친구는 자기가 하나님을 믿는 그리스도인이 되었다고 말했다. 나는 그 친구가 그리스도인이 될 것이라고 한 번도 생각한 적이 없었다. 그 친구의 구원을 위해 기도한 적은 있지만 실제로 그렇게 되리라고 믿은 적은 없었다. 그런데 믿는 자가 되었다는 것이다.

어떻게 된 일이냐고 묻자 인터넷에서 우연히 설교를 듣고 하나님을 믿게 되었다고 했다. 영어도 그리 잘하지 못하는 친구가 외국인 목사의 영어 설교를 듣고 그가 하는 사역 영상들을 보면서 마음이 움직였다는 것이다. 아직 교회도 안 정했지만 너무 기뻐서 내게 전화를 한 것이었다. 축하를 건네며 그 친구의 집과 가까운 곳의 교회를 소개해 주었다. 어떻게 이런 일이 가능할까? 성령께서 역사하시기 때문이다.

이런 예도 있다. 내가 공부한 달라스신학교 선배 중에 모어랜드(J. P. Moreland)라는 사람이 있다. 그는 존경받는 기독교 철학자이며 유능한 변증가이다. 감정적인 성향이 아니었고 상당히 냉철한 사람이었다. 그런 그가 전 세계에서 일어나고 있는 성령의 역사를 보고 『하나님 나라의 삼각구도』라는 책을 썼다.

그는 그 책에서 초대 교회와 같은 초자연적인 일들이 전 세계에 걸쳐 깜짝 놀랄 만한 속도로 일어나고 있으며, 그것이 오늘날 제3세계에서 일어나는 엄청난 부흥의 주된 요인이라고 주장한다. 그러면서 한 예로 태국인 선교사 룬 푸부아닉의 사역 가운데 벌어졌던 일화를 소개한다.

룬 선교사는 칼라신 지방의 불교 마을에서 소수 그리스도인을 위해 주일 예배를 드리고 있었다. 그때 마을 지도자가 나타나 장마기인데 비가 오지 않아서 추수를 망치게 되었으니 당신의 하나님께 비를 달라는 기도를 해 줄 수 있겠느냐고 요청했다. 그 마을의 지도자는 그 달에 비가 내리면 마을의 백서른네 가정이 모두 하나님을 믿고 그리스도인이 될 것이라고 소리쳤다. 신자들은 사흘 동안 금식하며 간절히 기도했다. 나흘째 되던 날 구름이 몰려와서 문제를 해결했고, 백서른네 가정은 모두 그리스도인이 되었다고 한다.

우리는 불신과 냉소적인 태도를 버리고 성령께서 오늘도 나와 우리 교회를 통해 초자연적으로 역사하실 수 있음을 믿어야 한다. '어떻게 그런 일이 있을 수 있어? 어떻게 그런 사람이 예수님을 믿어? 어떻게 나 같은 사람이, 또는 우리 교회 같은 교회가 그런 일을 할 수 있겠어?'라면서 우리 스스로 하나님의 역사를 제한시켜 버린다면 성령의 능력은 나타나지 않는다.

복음서를 읽어 보라. 예수님은 사람들이 당신을 믿지 않는 곳에서는 많은 능력을 행하지 않으셨다(마 13:58). 바울은 데살로니가 교회의 성도들에게 성령을 소멸하지 말라고 권면한다(살전 5:19). 그 말은 성령의 불을 끄지 말라는 뜻이다. 성령의 불을 끄는 것은 다름 아닌 우리의 불신이다.

신학생 때 '하나님을 네가 만든 상자 안에 집어넣지 말라'는 말을 들은 적이 있다. 하나님은 크고 능하신 분이다. 그분의 성령은 지금도 내게 능력을 주셔서 예수님의 증인이 되게 하시고 누군가를 구원하고 회복시키는 도구가 되게 하신다. 나를 변화시키고 나를 통해 다른 사람을 변화시킬 수 있다. 진정한 의미로 영향력 있는 삶을 살 수 있게 만드신다.

그러므로 기대하라. 불신과 냉소적 태도를 회개하고 하나님을 신뢰하라. 그럴 때 우리는 성령의 능력을 덧입고 영적 리더로서 영향력 있는 삶을 살 수 있을 것이다.

기도에 대한 헌신

성령의 능력을 덧입는 또 다른 비결은 무엇일까? 그것은 바로 기도에 힘써야 한다는 것인데, 누가는 계속되는 이야기에서 이를 잘 보여준다.

[13]그들은 성 안으로 들어와서, 자기들이 묵고 있는 다락방으로 올라갔다. 이 사람들은 베드로와 요한과 야고보와 안드레와 빌립과 도마와 바돌로매와 마태와 알패오의 아들 야고보와 열심당원 시몬과 야고보의 아들 유다였다. [14]이들은 모두, 여자들과 예수의 어머니 마리아와 예수의 동생들과 함께 한 마음으로 기도에 힘썼다. [15]그 무렵에 신도들이 모였는데, 그 수가 백이십 명쯤이었다. (행 1:13-15)

예수님 제자들과 가족들, 그리고 다른 믿는 자들을 합해 120명 정도가 예루살렘에 모였다. 그들이 가장 먼저 한 일은 전략 회의가 아니었다. 성경 공부도 아니었다. 치킨을 먹으며 친교 시간을 가진 것도 아니었다. 그것들이 필요 없다는 말은 아니다. 다 필요하고 중요하지만 그들은 이 상황에서 먼저 무릎부터 꿇었다. 그들은 기도에 헌신했던 것이다. 그저 일이십 분만 기도하고 흩어지지 않았다. 새번역 성경은 그들이 "기도에 힘썼다"라고 표현했다. 기도에 자신들을 드렸다는 말이다.

얼마 전 어느 목사님으로부터 개척 시절 이야기를 들을 기회가 있었다. 매일 두세 시간을 엎드렸는데 얼마나 간절하고 절박했던지 기도하고 나면 겨울에도 땀이 비 오듯 쏟아졌다는 것이 아닌가. 상당한 부끄러움을 느꼈다. 주님 앞에 더 기도해야겠다고 결심을 했다.

제자들은 성령이 강림하기까지 약 열흘간 마음을 합하여 끈질기게 기도에 힘썼다. 그러자 성령이 불처럼 바람처럼 임하셨고 삼천 명의 사람들이 구원받는 역사가 일어났다. 이처럼 성경을 보면 기도와 성령의 역사는 불가분의 관계임을 잘 알 수 있다. 하나님의 백성들이 간절히 기도할 때 성령님은 능력으로 역사하셨다.

사도행전 4장에서 대제사장의 위협을 받은 제자들과 예루살렘 교회 성도들이 간절히 기도하자 그들의 모여 있는 곳이 흔들리고 모두 성령으로 충만해서 복음을 전했다. 12장에서 옥에 갇힌 베드로를 위해 교회가 기도하자 옥문이 열리는 기적이 일어났다. 13장에서 안디옥 교회 성도들이 금식하며 기도할 때 성령께서 바나바와 사울을 구별해 이방 세계를 복음화할 선교사로 내보내셨다. 16장에서 옥에 갇힌 바울과 실라가 기도하면서 하나님을 찬양할 때 옥문이 열리고 하나님을 모르던 간수와 그 가족이 예수님을 믿었다. 이런 예들을 나열하려면 시간이 부족할 정도다.

성경뿐 아니라 이천 년 기독교 역사를 통해서도 이런 예를 수도 없이 찾아볼 수 있다. 17세기 죽어 가던 독일 교회를 살린 경건주의 운동 때 사람들은 소그룹으로 모여 기도했다. 미국의 영적 지도를 바꾼 대각성 운동 때도 기도하는 하나님의 백성들이 먼저 들불처럼 일어났고, 그 후 영적 각성과 부흥이 왔다.

복음으로 미국과 영국의 두 나라를 뒤흔들었다는 유명한 부흥사무디(Dwight Lyman Moody)의 대부흥 전에도 수많은 직장인이 점심시간을 아껴 YMCA에 모여 간절히 기도했다. 영국을 대표하는 설교자 스펄전(Charles Haddon Spurgeon)은 설교할 때마다 그 아래층에서 400명의 성도들이 중보기도를 했고 성령께선 성도들의 기도로 불붙은 그 말씀을 사용하여 수많은 사람의 심령을 변화시켰다.

한국의 평양 대부흥 때도 마찬가지다. 먼저 기도의 부흥이 있었고 성령은 교회를 넘어 평양시 전체를 변화시키도록 놀랍게 역사하셨다. 영국 출신의 선교사이며 중국내지선교회의 창설자인 허드슨 테일러(J. Hudson Tayler)는 "우리가 일할 때는 우리만 일하지만 우리가 기도할 땐 하나님이 일하신다"는 유명한 말을 남겼다. 그 말은 얼마나 맞는 말인가! 우리가 일할 때는 연약한 인간인 우리가 일하지만 우리가 기도할 땐 전능하신 하나님이 일하신다.

아들이 어릴 때 일이다. 아들은 냉장고에서 꺼낸 주스 병을 열기 위해 끙끙대고 있었다. 얼굴이 시뻘겋게 될 때까지 힘을 썼지만 잘 열리지 않았다. 주스가 뚜껑 안쪽에 말라붙어서인지 아이 힘으로 열기란 거의 불가능했다. 어떻게 했을까?

아이는 주스 병을 내게 가져와 열어 달라고 했다. 큰 힘을 들이지 않고 그것을 열자 아이는 경이에 찬 눈으로 "와! 아빠, 대단한데!"라고 말했다. 나는 "보통이야!"라며 받아쳤다. 그렇다. 우리에게 불가능한 일도 우리 아버지께는 아무것도 아니다. 그분에게는 불가능이 없다. 힘이 필요하다면 그분께 부탁해야 한다. 그것이 가장 현명한 일이다.

기도하는가? 사도행전 속 제자들처럼 기도하는 일에 헌신하는가? 힘을 써서 기도한 적이 도대체 언제인가? 생각해 보라. 우리에게 감당하기 힘든 필요가 있거나 어려운 일이 닥치면 대부분은 힘 좀 있다는 사람과 줄을 대 보려고 애를 쓴다. 그게 인지상정이다.

그런데 왜 우리는 가장 막강한 하나님께 힘써 기도하지 않는가? 그분이 우리 아버지이신데, 기도하라고 하셨으며 기도에 귀를 기울이겠다고 약속도 하셨는데 왜 기도에 힘쓰지 않는가? 나만 하더라도 설교 준비하는 일이나 아이디어와 전략을 짜는 일에는 힘을 쓰면서도 기도하는 일에는 그다지 힘쓰지 않는다. 그러나 성령의 능력을 원한다면, 그리고 영향력 있는 삶을 원한다면 기도에 힘써야 한다. 다른 방법이 없다. 리더들의 경우는 더욱 그렇다.

'목회자들의 목회자'라는 별명을 가진 워렌 위어스비(Warren Wiersbe) 목사는 "기도는 교회의 영적 온도를 측정하는 온도계이며 온도

조절기이다."라는 말을 했다. 이 말을 근거로 자신과 교회의 영적 온도를 측정한다면 몇 도나 될까? 당신의 심령과 가정과 교회의 영적 온도가 차가운가? 뜨뜻미지근한가? 그걸 끌어올릴 수 있는 가장 확실한 방법은 기도하는 것이다.

기도하자. 기도하는 것이 늘 쉽지는 않지만 인내하며 기도에 힘쓰자. 제자들처럼 한마음으로 끈질기게 기도하자. 개인적으로 기도하며, 교회의 기도회에 참여하여 함께 기도하자. 영적 리더는 기도에 있어서도 리더가 되어야 한다. 다시 말해 누구보다 기도에 헌신해야 한다는 뜻이다. 그럴 때 성령의 능력을 통해 영향력이 생기게 될 것이다.

하나님 말씀과 뜻에 순종

사도행전 1장에는 오순절 성령 강림 전 제자들이 기도로 행했던 한 가지 일이 나온다. 다름 아닌 가룟 유다의 배반과 자살로 생긴 열두 사도의 결원을 메우는 일이었다. 베드로는 이것을 구약 성경의 성취라고 하면서 한 사람을 뽑자고 했다.

[15]그 무렵에 신도들이 모였는데, 그 수가 백이십 명쯤이었다. 베드로가 그 신도들 가운데 일어서서 말하였다. [16]"형제자매 여러분, 예수를 잡아간 사람들의 앞잡이가 된 유다에 관하여, 성령이 다윗의 입을 빌어 미리 말씀하신 그 성경 말씀이 마땅히 이루어져야만 하였습니다. [17]그는 우리 가운

데 한 사람으로서, 이 직무의 한 몫을 맡았습니다. [18]그런데, 이 사람은 불의한 삯으로 밭을 샀습니다. 그러나 그는 거꾸러져서, 배가 터지고, 창자가 쏟아졌습니다. [19]이 일은 예루살렘에 사는 모든 주민이 다 알고 있습니다. 그래서 그들은 그 땅을 자기들의 말로 아겔다마라고 하였는데, 그것은 '피의 땅'이라는 뜻입니다. [20]시편에 기록하기를 '그의 거처가 폐허가 되게 하시고, 그 안에서 사는 사람이 없게 하십시오' 하였고, 또 말하기를 '그의 직분을 다른 사람이 차지하게 해 주십시오' 하였습니다."(행 1:15-20)

그런 다음 베드로는 유다를 대체할 사람을 뽑아야 한다고 했다. 그냥 열한 명으로 사역을 해도 될 텐데 베드로는 왜 한 사람을 굳이 채우려고 했을까? 그것은 베드로가 언급한 것처럼 시편, 즉 구약 성경이 그렇게 할 것을 말씀하고 있기 때문이었다. 위의 구절에서는 직접 언급하고 있지 않지만 예수님께서 생전에 열두 제자로 하여금 이스라엘 열두 지파를 다스리게 하겠다고 약속하셨기 때문이기도 하다.

이런 이유들과 앞으로 각 지파를 대표할 부활의 증인으로서 이스라엘 열두 지파에게 사역하기 위해서는 장차 그들을 다스리고 심판할 열두 사도의 충분한 인원이 필요했던 것이다. 그것이 주님의 말씀이요 뜻이었음을 그들은 알았고 그 말씀에 순종하기 원했다. 이에 신도들은 예수님의 사역 초기부터 부활 승천하실 때까지 함께했던 사람 가운데 두 명을 추천했고, 기도한 후 제비를 뽑아 맛디아를 열두 사도의 반열에 포함시키게 되었다.

²³그리하여 그들은 바사바라고도 하고 유스도라고도 하는 요셉과 맛디아 두 사람을 앞에 세우고서, ²⁴기도하여 아뢰었다. "모든 사람의 마음을 다 아시는 주님, 주님께서 이 두 사람 가운데서 누구를 뽑아서, ²⁵이 섬기는 일과 사도직의 직분을 맡게 하실 지를, 우리에게 보여 주십시오. 유다는 이 직분을 버리고 제 갈 곳으로 갔습니다." ²⁶그리고 그들에게 제비를 뽑게 하니, 맛디아가 뽑혀서, 열한 사도와 함께 사도의 수에 들게 되었다. (행 1:23-26)

이 이야기에서 두드러진 것은 바로 주님의 말씀과 뜻에 대한 그들의 순종이다. 그들은 말씀에 순종해서 열두 사도의 결원을 채웠다. 그 사람을 뽑는 과정에서도 주님의 뜻에 온전히 순종했다. 어느 교단 총회에서 그러는 것처럼 돈 봉투를 돌리며 선거 운동하지 않았다.

그들은 '우리가 누구를 뽑을까요?'가 아니라 '주님이 누구를 뽑으셨는지를 그냥 보여주십시오'라고 기도하며 제비를 뽑았다. 결과가 나오자 주님의 뜻으로 알고 바로 순종했다. 부정 선거 운운하며 비난하거나 두 파로 갈라지지 않았다.

성령의 능력을 받기 위해서 기도하는 것도 중요하지만 주님의 말씀과 뜻에 순종하는 것도 중요하다. 사실 기독교의 기도는 우리가 하나님을 얼마나 의지하는지를 보여주는 수단이지 하나님을 조종하거나 심지어 협박해서 어떻게든 내 뜻을 이루려는 수단이 아니다.

내가 아는 목회자 가운데 하나님께 시간을 설정해 놓고 금식기도를 한 사람이 있었다. 그는 독극물이 든 병을 하늘로 들어 보이기까지

하며 하나님께 자기가 정한 시간까지 기도하는 것을 안 이루어 주면 독약을 마시고 죽어버리겠노라 말했다고 한다. 젊은 목회자 시절의 치기 어린 일이었다.

물론 얼마나 힘들면 그렇게까지 했겠냐마는 그래도 그건 협박이지 기도가 아니다. 기도할 때도 하나님은 우리의 주님이시지 종이 아니다. 우리는 간절히 기도해야 하고 더 기도해야 하지만 언제나 순종의 태도로 기도해야 한다.

또한 기도함과 더불어 순종의 실천을 해야 한다. 그런 사람에게 하나님의 역사와 능력이 나타난다. 아내에 대해 생각하면 그녀가 용기 있게 하나님의 말씀에 순종했던 모습들이 가장 아름다운 모습으로 떠오른다. 나 같으면 그렇게 순종할 수 있었을까 싶은 것들도 있어 그런 것들을 생각하면 존경심까지 든다.

사실 리더십은 그런 전격적인 순종에서 비롯된다. 사람들은 리더가 순종하는 모습을 보면서 그를 존경하게 되고 기쁘게 그의 뒤를 따르게 된다. 자연스레 영향력이 생기는 것이다. 하나님도 순종하는 사람에게 능력을 주신다.

미국 뉴욕의 브루클린에서 사도행전적인 성령의 역사를 경험하면서 드라마틱한 사역을 하고 있는 짐 심발라(Jim Cymbala) 목사 이야기를 소개한다. 한번은 예배드리는 도중에 지금 바로 나가서 복음을 전하라는 성령의 감동이 왔다. 성가대가 찬양을 하고 있을 때였다. 수천 명이 예배드리고 심지어 예배 실황이 방송으로 나가는 큰 교회에서 갑작스레 예배 순서를 바꾸는 것은 정말 쉽지 않은 일이었지만 그는 주님의 뜻에 순종했다.

성가대의 찬양을 중단시키고 복음을 전했다. 사람들은 어리둥절해 했고 목사 자신도 몹시 어색했다. 그러나 그는 간단히 복음을 전하고 예수님을 믿기 원하는 사람은 앞으로 나와 기도하라고 초청했다. 한 부자(父子)를 비롯한 몇몇 사람이 나와서 무릎을 꿇고 기도했다. 그렇게 예배는 계속되었다.

얼마 후 심발라 목사는 교회로 걸려 온 전화 한 통을 받았다. 전화기 저편에서 한 여성이 말하기를 감사하고 싶어 전화를 했다는 것이 아닌가. 무슨 소리냐고 되물었더니 여성은 자신의 10대 남동생 이야기를 꺼냈다. 남동생이 너무 말썽을 부리고 삶이 망가져 가는 것이 안타까워 가족이 머리를 맞대고 궁리하다가 심발라 목사님의 소문을 듣고 그 교회에 데리고 가야겠다는 결정했다고 한다.

뉴욕 여행을 구실 삼아 남동생을 설득했던 터라 주말에 관광을 하고 마지막에 심발라 목사의 교회 예배에 데리고 갔던 터였는데 애석하게도 예배 시간을 잘못 알아 중간에 나와야 할 상황이 되고 말았다. 뉴욕까지 왔는데 말씀도 못 듣게 되어 너무 안타까워하던 찰나 무슨 이유에서인지 심발라 목사님이 갑자기 복음을 전하더라는 것이다.

놀라운 것은 남동생이 그 말씀에 반응했고, 스스로 초청에 응해 앞으로 나아갔다는 것이 아닌가! 성령께서 역사하신 것이 틀림없었다. 남동생은 예수님을 믿고 완전히 회심해서 지금은 딴 사람이 되었다고 한다. 그래서 그의 누나인 여성은 예배 중에 '뜬금없이' 복음을 전해 준 목사님께 너무 감사해서 전화를 했다는 사연이었다.

하나님의 역사를 원하는가? 리더로서의 능력이 필요한가? 사람들에게 선한 영향력을 끼치며 살기를 원하는가? 순종해야 한다. 기록된 말씀과 개인적인 감동, 알려 주시는 주님의 뜻에 순종의 발걸음을 떼는 것이 필요하다.

때로 내 생각이나 느낌이 같지 않더라도 그것을 내려놓고 하나님께서 순종을 제사보다 더 낫게 보심을 인식하면서 순종하는 우리가 되길 바란다. 그럴 때 성장과 능력과 영향력이 생긴다. 바로 그럴 때 리더십이 생긴다.

1장이 없는 2장은 없다

제자들은 성령의 역사를 기대하는 믿음과 간절한 기도, 하나님의 말씀과 뜻에 대한 순종으로 온전히 마음을 합해서 나아갔다. 그랬을 때 어떤 일이 있었는지를 그 다음 장인 사도행전 2장은 우리에게 잘 보여준다. 유대인의 절기 오순절에 성령이 기도하고 있는 그들 위에 '불처럼 바람처럼' 임하였다.

그들은 절기를 맞아 세계 각지에서 성전에 온 순례객들에게 각 나라의 방언으로 하나님을 높이는 말을 했다. 그리고 이어진 베드로의 설교에서 삼천 명이 예수님을 믿고 교회에 더해지는 놀라운 역사가 일어났다. 이보다 더 큰 영향력을 어떻게 미칠 수 있는가? 갈릴리의 가난한 어부, 천대받는 세리 출신들이 어떻게 이보다 더 나은 삶을 살 수 있겠는가?

우리의 지도력에 능력을 더하고 우리 인생을 사도행전 2장처럼 만들기 원한다면 우리도 이 제자들의 행함을 따라야 한다. 다시 말해 사도행전 2장의 인생을 경험하기 위해 사도행전 1장의 영적 준비가 필요하다는 것이다.

어떻게 1장이 없는 2장이 있을 수 있겠는가? 그러므로 우리는 불신과 냉소, 패배주의를 버리고 성령의 역사에 대한 기대감과 믿음을 가져야 한다. 한마음으로 인내하며 기도에 힘써야 한다. 그뿐만 아니라 내 뜻과 생각을 내려놓고 하나님의 말씀과 뜻에 먼저 순종해야 한다. 그러면 내 인생도 사도행전 2장과 같이 신바람 나는 인생이 될 수 있다.

우리 각자와 교회도 그렇게 성령의 능력을 경험하며 영향력을 가질 수 있게 된다. 우리는 실로 사도행전적인 교회를 세우는 동력을 가질 수 있게 될 것이다. 크리스천 리더십의 궁극적 능력을 탑재한 리더로 설 수 있게 될 것이다.

1. 리더로서 무능력을 인식한 경우가 있었습니까? 어떤 경우였는지 구체적으로 말해 봅시다. 그리고 본인은 어떻게 대응했는지도 나누어 봅시다.

2. 당신은 성령의 초자연적 역사에 대해 기대하는 마음이 있습니까? 성령의 역사에 대해 마음을 더 열기 위해 할 수 있는 일은 무엇일까요?

3. 워렌 위어스비 목사는 기도가 영적 온도를 측정하는 온도계라고 했는데 그 말을 근거로 당신의 영적 온도를 측정한다면 몇 도일까요? 기도에 더욱 헌신하기 위해 어떻게 해야 할지 나누어 봅시다.

4. 저자는 하나님께서 당신의 말씀과 뜻에 순종하는 자에게 능력을 주신다고 말합니다. 당신은 지금 구체적으로 하나님의 어떤 말씀과 뜻에 순종할 필요가 있습니까? 아울러 하나님께 순종함으로 능력을 얻은 경험이 있다면 나누어 봅시다.

02

Learn leadership in the Acts of the Apostles

사랑, 리더의 마음 열쇠

사도행전 2:42-47

세계적인 리더십 전문가 존 맥스웰은 자신의 저서『존 맥스웰의 리더십 수업』에서 리더십의 5단계를 언급하는데 가장 낮은 단계가 '직위'라고 했다. 이런 경우 리더십이 있는 것은 권한 때문이다. 다시 말해 권한이 있는 직위를 가진 사람에게 리더십이 주어진다는 뜻이다. 이때 직위를 넘어서지 못한 사람들은 따라야만 하기 때문에 따른다.

과연 이런 리더십을 진정한 리더십이라고 볼 수 있을까? 억지로가 아니라 따르고 싶어서 따라야 참된 리더십이 아니겠는가? 사람들로 하여금 따르고 싶어서 따르게 하려면 마음을 얻어야 한다. 그러려면 마음을 열어야 하는데 무엇이 그 일을 가능하게 할까? 청산유수처럼 말을 잘하거나 멋지게 설교를 하면 마음이 열릴까? 꼭 그렇지 않다.

『권위 없는 자처럼』이라는 귀납적 설교에 대한 기념비적 책을 쓴 유명한 설교학자 프레드 크레독(Fred B. Craddock)은 "사람이 할 수 있는 가장 먼 여행은 머리에서 가슴으로의 여행이다."라고 하면서 말씀을 듣고 무언가를 이해한다고 해서 반드시 마음에 어떤 일이 생기지는 않음을 지적했다. 지식의 전달이 마음을 열게 하지는 못한다는 이야기이다.

그러면 무엇이 사람의 마음을 열게 하는 것일까? 여러 가지를 말할 수 있지만 그중 가장 강력한 요소는 사랑이다. 생각해 보라. 우리는 우리에게 사랑을 주는 사람에게 마음을 열게 되어 있다. 그래서 자연스레 그 영향을 받고 그를 따르게 된다. 아이들이 엄마의 지대한 영향을 받고 엄마를 따르는 것은 엄마의 사랑 때문이다.

사실은 어른들도 다르지 않다. 신학 공부를 위해 거주했던 미국 달라스의 미식축구팀인 〈달라스 카우보이즈〉에는 탐 랜드리(Tom Landry)라는 전설적인 감독이 있었다. 그는 축구팀의 감독이었을 뿐 아니라 선수들의 영적 리더였다. 그가 은퇴할 당시에 몸무게가 100킬로그램도 넘는 거구의 프로 운동선수들이 어린아이처럼 울면서 "감독님이 우리를 사랑했어요!"라는 말을 되풀이하던 일이 지금도 떠오른다. 그의 사랑이 터프한 운동선수들의 마음을 열게 하고 그를 따르게 했다.

개인만이 아니다. 교회 공동체도 마찬가지이다. 교회가 사랑으로 다가가면 사람들은 그 교회에 대해 마음을 열고 교회는 그들에게 영향력을 끼칠 수 있다. 다시 말해 리더십을 행사하는 교회가 될 수 있다는 뜻이다. 처음 태어난 사도행전의 예루살렘 교회는 바로 그런 교회였다. 그들의 이야기가 사도행전 2장 42절에서 47절까지 기록되어 있다.

[42]그들은 사도들의 가르침에 몰두하며, 서로 사귀는 일과 빵을 떼는 일과 기도에 힘썼다. [43]모든 사람에게 두려운 마음이 생겼다. 사도들을 통하여 놀라운 일과 표징이 많이 일어났던 것이다. [44]믿는 사람은 모두 함께 지내며, 모든 것을 공동으로 소유하였다. [45]그들은 재산과 소유물을 팔아서, 모든 사람에게 필요한 대로 나누어 주었다. [46]그리고 날마다 한 마음으로 성전에 열심히 모이고, 집집이 돌아가면서 빵을 떼며, 순전한 마음으로 기쁘게 음식을 먹고, [47]하나님을 찬양하였다. 그래서 그들은 모든 사람에게서 호감을 샀다. 주님께서는 구원 받는 사람을 날마다 더하여 주셨다.

　주후 33년 5월, 이스라엘 전역과 전 세계에 흩어져 있던 경건한 유대인들이 자신들의 삼대 절기 중 하나인 오순절을 맞아 성전이 있던 예루살렘으로 모여들었다.

　불과 열흘 전, 부활하신 예수님의 승천 모습을 본 제자들은 마가의 다락방에서 한마음으로 열심히 기도했고 마침내 오순절에 약속하신 성령이 능력으로 그들에게 임하셨다. 그리고 그로 인해 그들은 이전에 한 번도 배운 적이 없는 다양한 나라의 언어를 각각 말하기 시작했다(행 2:6).

　이 놀라운 일로 인해 모여든 군중에게 성령의 충만을 받은 베드로는 예수 그리스도의 복음을 전했고 그 가운데 삼천 명이 예수님을 믿게 되면서 역사상 첫 번째 교회인 예루살렘 교회가 탄생하는 대사건이 일어났다.

　첫 교회의 성도가 된 사람들은 무엇을 했을까? 42절에 말한 것처럼 그들은 온전히 자신을 바쳐 사도들의 가르침을 받았고 예배했으며 서로 사귀는 일에도 열정적으로 참여했다. 예수 그리스도의 복음 안에서 죄 사함을 받고 하나님의 사랑을 경험한 감격이 그들 모두에게 있었다. 또한 성령께서 그들의 마음을 감동시켜 마음이 뜨거워지고 처음 보는 사람들이지만 서로를 향해 마음이 열리는 놀라운 일이 일어났다.

　2002년 한일 월드컵 때의 흥분된 분위기를 한번 떠올려 보라. 당시 경기장이나 거리에서 경기를 지켜보던 사람들은 서로 모르는 사이인데도 골이 들어가면 옆 사람과 얼싸안고 함께 대한민국을 외쳤다. 지금 전철이나 백화점에서 한번 그렇게 해 보라. 아마 미친 사람 취급을 당하거나 성추행범으로 잡혀갈지도 모른다.

그러나 그때는 모두의 마음이 하나가 되고 감동이 있어서 그게 조금도 이상하지 않았다. 사랑이 충만했고 다 착해졌다. 지금 삼천 명이나 되는 새 신자들의 감격과 사랑과 하나 됨을 월드컵 관중에 비기겠는가? 독생자를 주신 하나님의 놀라운 사랑을 경험했고 은혜가 충만했다.

나는 끊임없이 싸우던 친구 부부가 기독교 모임에서 은혜받고 둘 다 하나님의 사랑으로 가득 차서 다른 사람이 보든 말든 한참 동안 얼싸안고 있던 모습을 본 적이 있다. 너무 오랫동안 그러고 있어서 민망할 정도였다. 둘 사이를 비집고 들어가 떼 놓고 싶기까지 했다. 그렇게 싸우던 부부가 자석처럼 달라붙어 있었다. 그게 하나님 사랑이 하는 일이다.

43절을 보면 사도들을 통해 이적과 표적이 일어나서 사람들은 거룩한 두려움에 사로잡혔다. 마치 우주선 발사를 목격한 사람들이 할 말을 잃고 경외감에 사로잡히는 것과 같은 일이 일어난 것이다.

그런데 그 다음 절에는 더 놀라운 기적이 기록되어 있다. "믿는 사람은 모두 함께 지내며, 모든 것을 공동으로 소유하였다. 그들은 재산과 소유물을 팔아서, 모든 사람에게 필요한 대로 나누어 주었다.(행 2:44-45)" 자발적인 공산주의가 이루어졌던 것이다.

몇 년 전 중국에서 한 공산당원을 만난 적이 있었다. 그는 예수님을 믿고 내가 가르치던 지하 신학교에 성경을 배우려 왔는데 그때까지 당비를 내던 공산당원이었다. 그가 말씀으로 은혜를 받았다며 멋진 식당에서 내게 식사를 대접하며 이런 말을 했다. "성경을 읽다 보니 놀랍게도 공산주의가 거기 있었어요. 성경 속 그때 그곳에선 자발적으로 했고, 여기서는 강제로 한다는 게 차이인 것 같아요!"

그렇다. 그들은 자발적으로 공동체 생활을 하며 자신의 재산을 팔아 필요한 대로 나누어 가졌다. 누구도 강요하지 않았다. 주보에 헌금자 명단과 액수를 싣지도 않았다. 그냥 필요를 보고 사람들이 스스로 그렇게 한 것이다.

어떻게 이런 일이 있게 되었을까? 당시 예수님을 믿은 사람들 가운데 예루살렘 거주민도 있었지만 다른 곳에서 온 소위 디아스포라 유대인도 많았을 것이다. 그들은 오순절 절기만 지키고 돌아갈 순례자들이었다. 그런데 예기치 않은 일이 벌어졌다. 베드로의 복음 설교를 통해 예수님을 믿게 되었고 영원한 운명이 바뀌었으며 거룩한 교회의 일원이 된 것이다. 연일 놀라운 일이 벌어졌고 하나님의 말씀은 꿀처럼 달았으며 새로운 신앙 안에서 배우고 경험해야 할 일은 너무 많았다.

사도들에게 더 배우고 교제하다 보니 그들은 예정대로 돌아갈 수 없었다. 결국 일정이 길어지면서 노잣돈이 다 떨어지는 일이 발생하고 말았다. 이런 필요를 본 성도들의 마음이 움직였다. 기억하는가? 그들은 예수 안에서 거저 주시는 하나님의 큰 사랑을 경험한 자들이었다. 그래서 그들은 어려운 사람들을 자기 집으로 들이고 자기 재산을 팔아 필요한 대로 나누어 주었다. 거저 받은 사랑을 거저 나눈 것이다.

얼마 전에 라디오에서 존 레논(John Lennon)의 〈Love〉라는 노래를 들었다. 10대 때 듣고 괜히 가슴이 콩닥거리던, 요즘 말로 '심쿵'을 경험하게 한 노래였다. 그런데 나이가 들어서 다시 들어 보니 가사가 유치했다. 사랑은 감정이고 만지는 것이며 사랑받기를 요구하는 것이라는 가사가 거슬리기도 했다. 내가 소위 말하는 '꼰대'가 되어 그런 것일까? 꼭 그래서만은 아니다.

성경에서 사랑은 그냥 감정이 아니다. 오히려 사랑은 실천하는 것이며 필요를 채워 주는 것이다. 적십자사의 광고 카피가 생각난다. '사랑은 동사다'라는 짧은 문장이었다. 그렇다. 사랑이란 동사이며 무언가를 하는 것이다. 예루살렘 교회의 성도들은 재산을 팔아 어려운 성도의 필요를 채웠다. 그들은 이처럼 급진적으로 사랑을 실천했다.

그 다음 구절도 그들에게 있었던 사랑의 한 면을 보여준다. "그리고 날마다 한 마음으로 성전에 열심히 모이고 집집이 돌아가면서 빵을 떼며 순전한 마음으로 기쁘게 음식을 먹고 하나님을 찬양하였다." (행 2:46-47a) 그들은 한마음을 가지고 있었다. 삼천 명 이상의 사람들이 한마음을 가지기는 쉽지 않다.

내가 섬기는 대학원에 속한 신학 교수들은 8명밖에 안 되는데 어떤 때 회의를 하다 보면 여덟 마음이 된다. 그런데 그 많은 예루살렘 교인들은 한마음이었고 모이기를 좋아했다. 그들 안에 기쁨과 평화와 사랑이 있었다.

그런 그들의 공동체적 삶에 대한 결과는 이렇게 묘사되어 있다. "그래서 그들은 모든 사람에게서 호감을 샀다. 주님께서는 구원받는 사람을 날마다 더하여 주셨다."(행 2:47b) 어떤 결과가 있었나? 예수님을 믿지 않는 외부인들이 그들의 그런 모습을 좋아했고 주님의 은혜로 날마다 사람들이 예수님을 믿고 구원을 받았다.

향나무처럼 사랑하는

앞선 이야기는 사랑을 실천하는 교회나 그리스도인이 사람들의 마음을 얻고 영향력을 미친다는 사실을 분명히 보여주고 있다. 누군가의 마음을 얻기 원하는가? 누군가에게 선한 영향을 미쳐 그를 하나님께 더 가까이 가도록 돕기 원하는가? 진정한 리더로서 살기 원하는가? 그렇다면 사랑해야 한다. 무엇보다도 사랑을 실천하는 사람들이 되어야 한다.

예수님은 십자가에 달려 돌아가시기 하루 전날 제자들에게 새 계명을 주신다며 이런 말씀을 하셨다. "이제 나는 너희에게 새 계명을 준다. 서로 사랑하여라. 내가 너희를 사랑한 것 같이, 너희도 서로 사랑하여라. 너희가 서로 사랑하면, 모든 사람이 그것으로써 너희가 내 제자인 줄을 알게 될 것이다."(요 13:34-35) 그분은 제자들에게 '내가 너희를 사랑한 것 같이 너희도 서로 사랑하라'는 계명을 새 계명으로 주셨다.

예수님이 사랑하신 것처럼 사랑하라는 이 계명은 앤디 스탠리(Andy Stanley)가 그의 저서 『교회를 살리는 불가항력의 복음』에서 담대히 주장한 것처럼 옛 언약 공동체의 10계명을 대체할 새 언약 공동체의 새 계명이었다. 그것은 기독교라는 '새 운동'을 지배할 '새 윤리'였다.

예수님이 어떻게 사랑하셨나? 말로만, 감정에 휩쓸려, 상대의 매력을 보고, 또는 자기에게 유익이 있을 경우에 사랑하셨나? 그러지 않으셨다. 그분은 사랑하기 힘든 자들, 기준에 미달한 자들, 실망시키고 배반하는 자들까지 헌신적이고 희생적으로 사랑하셨다.

최문자 시인의 〈고백〉이라는 시에 나오는 것처럼 향나무의 '제 몸을 찍어 넘기는 도끼날에 향을 흠뻑 묻혀 주는' 그야말로 막무가내 사랑을 그분은 우리에게 베푸셨다. 예수님은 우리도 그렇게 서로 사랑하라고 하셨다. 설사 그렇게까지는 못하더라도, 그것과 비슷한 시늉이라도 내며 사랑한다면 사람들이 우리가 예수님의 제자인 줄을 알게 될 것이라고 그분은 말씀하셨다. 무슨 뜻인가? 외부인들, 즉 예수를 믿지 않는 사람들이 우리를 예수 믿는 사람으로 인정해 줄 것이라는 말이다. 우리에 대해 마음이 열릴 것이라는 뜻이다. 영향력을 미치는 것이 가능해질 것이라는 말이기도 하다.

기독교 사상가이자 변증가 프란시스 쉐퍼(Francis Schaeffer)는 이 구절을 근거로 해서 '사랑이 기독교의 최종적인 변증이다'라고 말했다. 기독교가 정말 올바른 진리를 가진 종교인가는 다른 어떤 것보다 우리의 사랑에 의해 드러난다는 뜻이다. 진짜인지 가짜인지 여부를 증명해 주는 강력한 증거가 바로 사랑이라는 것이다. 사랑할 때 사람들은 우리에게서 그리스도를 보게 될 것이고 마음을 열 것이며 우리의 말을 들으려 할 것이다.

유학 시절 첫해에 일어난 일이다. 당시 미국 동부의 한 대학원에서 물리학을 전공하던 석사과정 학생 몇몇이 부부 동반으로 워싱턴에 갈 계획을 세웠다. 운전에 능숙한 선배가 내 차를 몰게 되었는데, 그는 저속 기어에서 가속 페달을 마구 밟았다. 차의 기어 표시 기능이 망가져서 차의 상태를 몰랐기 때문이었다.

얼마 가지 않아 엔진에서 연기가 올라왔고 우리 차는 고속도로 갓길에 멈출 수밖에 없었다. 살펴보았더니 엔진이 완전히 나가버렸다. 나는 차를 교체하든지 엔진을 교체하든지 둘 중 하나를 해야 했다. 돈이 없었기 때문에 중고 엔진으로 교환하는 수밖에 없었다.

그 소식을 당시 출석하던 미국 교회의 목사님이 들으셨다. 그분은 가난한 유학생이었던 우리 집에 오셔서 싸게 엔진을 교체해 주는 곳을 안다며 우리를 차에 태워 세 시간 정도 떨어진 곳에 데리고 가셨다. 점심과 음료수를 사 주셨고 통행료와 연료비를 모두 부담하셨다. 도중에 친구 분의 집에 우리 부부를 데리고 가셔서 잊지 못할 추억을 만들어 주기도 하셨다.

목사님은 돈 뿐 아니라 하루라는 시간을 온전히 우리를 위해 내어 주셨다. 돌아오는 길에 너무 감사하다고 인사하자 섬길 기회를 주어서 도리어 자신이 감사하다고 하셨다. 나는 지금도 그분의 사랑을 잊을 수 없다. 그분은 우리의 마음을 열게 했고 명실상부한 나의 목사님이 되셨다.

선한 영향을 끼치는 리더가 되고 싶다면 우리는 사랑을 실천해야 한다. 많은 지도자가 본인의 리더십 강화를 위해 자신이 얼마나 많이 배웠고 아는 게 얼마나 많은지를 과시한다. 자신의 이름 뒤에 철학박사(Ph. D)나 신학박사(Th. D) 학위를 명시하기도 한다. 그러나 그런 것은 참된 영향력이나 리더십과는 별 상관이 없다.

사람들은 그런 것에 인상을 받지 않는다. 누군가 농담조로 말한 것처럼 철학박사를 뜻하는 Ph. D는 '머리가 완벽하게 망가진 사람(Perfect Head Damage)'의 약자이고 신학박사를 뜻하는 Th. D는 '머리 전체가 망가진 사람(Total Head Damage)'의 약자일 수도 있다. 존 맥스웰은 이런 멋진 말을 했다. "사람들은 당신이 얼마나 그들에게 관심 갖는지를 알기까지 당신이 얼마나 아는지에 대해 관심 갖지 않는다.(People do not care how much you know until they know how much you care.)"

사랑은 그냥 하는 것

사랑이 해답이다. 바울이 말한 것처럼 "사람의 방언과 천사의 말을 할지라도… 예언하는 능력이 있어 모든 비밀과 모든 지식을 알고 또 산을 옮길만한 모든 믿음이 있을지라도… 내게 있는 모든 것으로 구제하고 또 내 몸을 불사르게 내줄지라도(고전 13:1-3)" 사랑이 없으면 아무 것도 아니다. 사랑 없이 마음을 움직일 수 없고, 마음을 움직이지 않고 영향력을 끼칠 수 없다. 그리고 당연히 리더십도 발휘할 수 없다.

우리는 자신에게 사랑이 있는지를 살펴봐야 한다. 그리고 구체적으로 사랑을 실천하는지 점검해 봐야 한다. 우리 교회에는 1년 과정 제자 양육 프로그램이 있다. 그 과정에서 가끔씩 볼 수 있는 광경이 있다. 마음 놓고 양육을 받을 수 있도록 참여자의 자녀를 다른 성도가 돌봐 주는 것이다. 주로 교회 소그룹인 목장의 리더가 그 일을 한다.

나는 지금까지 단 한 번도 일반 목원이 목자나 부목자의 아이를 봐 주는 모습을 본 적이 없다. 언제나 목자가 목원을 위해 아이를 봐 준다. 그들은 그래서 목장의 리더인 것이다. 사랑을 실천하기 때문이다.

구체적이고 실제적으로 내가 할 수 있는 사랑을 실천하자. 아픈 사람을 찾아가서 위로하거나 아이를 잠시 맡아 봐 주거나 반찬을 하나 해 주는 것과 같은 작은 것부터 실천해 보자. 낙심한 자에게 커피를 한 잔 사 주면서 이야기를 들어주거나 맛있는 식사를 함께 하는 것도 괜찮다. 좋은 책이나 작은 선물을 사 주는 것도 좋은 아이디어라고 생각한다. 경제적 필요가 있는 사람을 위해 교회에 지목헌금을 하는 것도 멋진 방법이다.

목회자들도 멋들어진 말만 할 것이 아니라 할 수 있는 작은 사랑을 실천할 필요가 있다. 언젠가 한 집사님에게 책 선물을 했더니 자기 평생에 목사님에게 개인적으로 책 선물을 받은 것은 처음이라며 엄청 감격해 했다.

사랑은 단순한 말이나 감정이 아니다. 성경적인 사랑은 행동하는 것이며 상대의 필요를 채워 주는 것이다. 예루살렘 교회의 성도들이

했던 사랑도 그런 것이었다. 배우 차인표가 자신의 소설 『오늘예보』에서 한 말이다. '밥은 먹는다고 하고, 잠은 잔다고 하고, 꿈은 꾼다고 하고, 사랑은 그냥 한다고 말한다.' 그리고 그는 사랑을 이렇게 정의한다.

사랑을 한다는 건 품어 준다.

불쌍히 여긴다.

함께 울어 준다.

오래 참으며 기다린다.

위로한다.

눈물을 닦아 준다.

함께 기뻐한다.

손을 잡는다.

이야기를 들어준다.

짐을 나누어진다.

같이 걷는다.

허리를 굽혀 안는다.

힘껏 안는다.

더 더 힘껏 온 힘을 다해서 안아 준다.

그렇다. 이게 우리가 해야 할 사랑이다. 이런 사랑이 성경이 요구하는 사랑이다. 그리고 이런 사랑이 누군가의 마음을 열게 하고 선한 영향을 미칠 수 있게 한다.

『그 청년 바보의사』라는 책으로 우리에게 잘 알려진 안수현이라는 젊은 의사가 있었다. 그는 유행성 출혈열로 갑자기 쓰러져 서른셋의 나이로 하나님 품에 안겼다. 출석하던 영락교회에서 장례식을 했는데 이 젊은 의사의 장례식에 무려 4천 명이 넘는 조문객이 왔단다. 이는 한경직 목사님 장례식 때 모인 조문객 다음으로 많은 숫자이다. 조문객들도 동료 의사나 교인 뿐 아니라 병원 매점 아주머니, 구두 닦는 아저씨, 방사선 기사 등 정말 다양한 사람이 왔다.

어떻게 이런 일이 있을 수 있었을까? 그것은 그가 베푼 사랑 때문이었다. 그는 자신의 돈과 시간의 대부분을 남을 위해 썼다. 돈이 없어 검사를 받지 못하는 조선족 할아버지의 검사비를 대신 내 주고, 집과 교회의 거리가 멀어 차를 타기 위해 예배 중간에 나가야 하는 후배의 운전사를 자청했다. 손에는 늘 책과 찬양 테이프를 가지고 다녔다. 교회 후배, 병원 동료, 환자들, 심지어 환자의 가족들까지 가리지 않고 그들에게 필요하다 싶은 책과 찬양 테이프를 선물했다.

그가 선물한 것은 이뿐만이 아니다. 밤이면 병원을 돌며 맡은 환자들을 붙잡고 조용히 기도했다. 소망이 없다고 생각하며 실의에 빠진 암 환자들을 찾아가 말동무가 되어 주었다. 의사이면서도 병원 앞의 구두 닦는 아저씨에게 언제나 90도로 각듯이 인사했다. 병상의 시트를 갈거나 청소를 하는 아주머니에게도 배려와 존중을 아끼지 않았다.

2003년 군의관으로 입대한 후에는 병사들의 친구로 지냈다. 영창을 방문해 일일이 책 선물을 했다. 군의관 신분상 유격 훈련 등을 하지 않아도 됐지만, 병사들과 함께 행군을 하고 그들과 어울렸다. 장례식장에 온 한 간호사는 기독교인이 아니지만 이제 교회에 나가 보려 한다고 했다.

사실은 그가 살아 있을 때도 많은 환자를 주님께로 이끌었고 동성애자로 에이즈에 걸려 자살을 하려던 교회 후배에게 친구가 되어 주면서 죄책감을 벗어나 전도사라는 새 일을 시작하도록 용기를 주기도 했다. 그는 목사나 장로도 아니었고 특별한 직위도 없는 30대의 청년이었지만 누구보다 더 큰 영향력을 지닌 리더였다.

사랑을 받아 봤어야지!

사랑이 중요하다는 데 이견을 표할 사람은 별로 없을 것이다. 특별히 그리스도인이라면 대부분 사랑의 중요성을 인정하고 사랑을 하기 원할 것이다. 문제는 그 원함이 실제 삶의 행동으로 이어지지 않는다는 데 있다. 우리 안의 뿌리 깊은 이기심과 비겁함이 우리로 하여금 사랑의 실천을 자꾸만 막는 것이다.

이쯤 되니 마음속에 질문이 떠오른다. 본성적으로 이기적인 우리가 어떻게 성경이 요구하는 레벨의 사랑을 할 수 있을까? 어떻게 예수님처럼 더 사랑하는 그리스도인, 더 사랑하는 공동체가 될 수 있을까? 사도행전 2장의 예루살렘 교회 이야기는 이 질문에 대해 한 가지 중요한 통찰을 제공한다. 그것은 우리가 십자가 복음에서 드러난 하나님의 사랑을 경험하고 그 사랑에 대해 배워 가야 한다는 것이다.

초대 교회의 성도들은 서로 사랑을 나누기 전에 십자가의 복음을 듣고 자기들을 구원하기 위해 독생자를 희생하신 하나님의 어마어마한 사랑을 마음에 받아들였다. 그리고 그들은 사도들의 가르침에 전념하면서 그 사랑의 넓이와 길이와 높이와 깊이에 대해 점점 더 배워 갔다.

그뿐만이 아니다. 그들은 성령의 역사와 감동을 통해 날마다 그 사랑을 경험했을 것임에 틀림이 없다. 그랬기 때문에 그들은 다른 사람의 필요를 위해 자신의 재산을 자발적으로 내놓는 그런 파격적인 사랑을 실천할 수 있지 않았을까? 그렇다! 우리는 내게 없는 것, 내가 경험하지 못한 것을 줄 수 없다. 사랑도 마찬가지다.

아버지에게 사랑을 받지 못하고 자란 한 청년이 있었다. 그 아버지는 6·25전쟁 때 홀로 남하하여 힘겨운 세월을 살아남은 사람이었다. 이 청년의 기억에 아버지는 한 번도 자기를 인정하거나 자기에게 사랑을 표현한 적이 없었다. 따뜻한 표정으로 한 번 웃어 준 적도 없었다. 언제나 엄하기만 했고 강한 질책과 심지어 인격 모독성의 발언도 서슴지 않았다. 구타도 수없이 당했다.

사춘기가 지나고 청년이 된 그는 마치 남과 같은, 아니 남보다 더 못한 듯한 아버지와 대판 싸움을 벌이고 집을 나왔다. 그동안 쌓인 것이 폭발한 것이다. 그 후 청년은 하나님의 은혜로 한 전도사를 만나게 되었고 그를 통해 하나님의 사랑을 보고 듣게 되었다.

그는 십자가의 복음을 믿었고 하나님의 은혜와 사랑을 깊이 체험했다. 전도사의 권유와 성령의 감동으로 그는 다시 집으로 돌아갔다.

아버지와 화해하기 위해서였다. 무표정하게 앉아 있는 아버지에게 자신이 예수님을 믿게 된 간증을 말하며 아버지를 용서한다고 말했다.

그런데 그 말을 하는 도중 갑자기 감정이 북받쳐 올라 스스로 생각지 못했던 일을 하고 말았다. 울면서 아버지를 포용하며 "아버지 사랑합니다"라고 소리친 것이다. 당황하며 불편해하던 아버지는 곧 흐느끼기 시작했다. 그러면서 작은 소리로 "사. 랑. 한. 다"고 떠듬거렸다.

두 사람은 서로 얼싸안고 한참을 울었다. 나중에 아들은 아버지에게 왜 자신에게 그렇게 대했냐고 물었다. 아버지는 예전의 무뚝뚝한 얼굴로 한숨을 한번 푹 쉬더니 "사랑을 받아 봤어야지"라고 대답했다고 한다.

제대로 사랑하려면 우리는 먼저 하나님의 사랑을 경험해야 한다. 요한일서 3장 16절도 말씀하지 않는가? "그리스도께서 우리를 위하여 자기 목숨을 버리셨습니다. 이것으로 우리가 사랑을 알게 되었습니다. 그러므로 우리도 형제자매를 위하여 목숨을 버리는 것이 마땅합니다." 하나님의 아들이 목숨을 버린 그 사랑을 경험해야 사랑이 무엇인지를 알게 된다. 그리고 그 사랑을 받아야 다른 사람들에게 사랑을 나눌 수 있게 되는 것이다.

그러므로 우리는 십자가의 사랑을 내 것으로 받아들이고 말씀을 통해 그 사랑을 더 배우고 묵상하며 그 사랑의 "너비와 길이와 높이와 깊이가 어떠함을"(엡 3:19, 개역개정) 경험해야 한다. 그게 그저 차가운 이론이 되지 않도록 성령의 도움을 구하고 날마다 주님과 교제하면서 그 사랑을 느끼고 누리고 실제로 깨달아야 한다.

더 나아가 날마다 하나님께 은혜받는 그리스도인이 되어야 한다. 그리고 그 사랑을 누군가에게 흘려 보내는 사랑의 통로가 되어야 한다. 그럴 때 우리는 주님처럼 사랑하는 그리스도인과 공동체가 될 수 있을 것이며 그렇게 될 때 선한 영향을 끼치는 영적 리더로 살아갈 수 있을 것이다.

칼국수 집 같은 교회

몇 년 전, 성도의 소개로 한 부부를 만났다. 우리 지역에서 제법 유명한 칼국수 가게를 운영했던 사람들이었다. 그 가게는 맛으로도 유명했을 뿐 아니라 풍성히 주는 것으로도 유명했다고 한다. 얼마나 이름이 났으면 부임한 지 얼마 안 되는 우리 전도사 한 사람이 그 집에 몇 십 번을 갔다고 할 정도였다.

그 사장님은 자기 집에 들어온 손님에게 음식을 아끼지 않는다고 했다. 다른 데서는 뭔가 더 달라는 손님을 귀찮아하고 심지어 얄밉다고 하는데 자기는 절대 그러지 않는다고 했다. 다른 일로 기분이 상한 채 식당에 온 손님이 자기 집에서 후한 서비스를 받으며 맛있게 먹은 덕분에 기분이 좀 나아져서 나갈 수 있다면 얼마나 좋으냐며 미소를 지었다.

특별히 학생들이 오면 무조건 곱빼기로 준다고, 그리고 원하는 대로 준다고 했다. 자기가 어릴 때 배고파 봐서 한참 자라는 아이들, 먹고 또 먹어도 배고픈 아이들에게 정말 아끼지 않는다는 것이다. 그 아이들이 우리의 미래라고 하면서 그 가운데 대통령이 나올지, 학자가 나올지, 사업가가 나올지 어떻게 아느냐며 목소리에 힘을 더했다.

그렇게 계산하지 않고 먹였더니 아이들의 부모들이 진짜 그런가 싶어 직접 와 보고 감사하다는 인사까지 했단다. 그는 손님의 행복이 자신의 보람이라는 취지로 말했다. 단순히 돈을 버는 것보다 손님을 섬기는데 참 열정이 있음을 느낄 수 있었다. 그의 이야기를 들으면서 칼국수 집이 교회 같고 그 사장님이 목사 같다는 생각을 했다. 그러면서 목사인 내가 부끄럽게 느껴졌다.

우리는 독생자를 주신 하나님의 무조건적인 사랑을 믿고 성령 안에서 그것을 경험한 교회이며 그리스도인이다. 그런 우리가 칼국수 집보다 못해서 되겠는가? 우리는 이기심을 극복하고 이해타산 없이 서로를 대해야 한다. 서로 귀하게 여기고 최선을 다해 필요를 채워 주며 사랑으로 섬기는 공동체가 되어야 한다.

그 사장님은 그렇게 장사했더니 오히려 손님이 미어터져서 경제적인 필요도 풍성히 채워졌다고 했다. 그런 곳에 왜 사람이 안 가겠는가? 칼국수뿐 아니라 인정과 인심과 사랑을 먹으러 가지 않겠는가? 교회도 마찬가지다. 세상에서 잘 볼 수 없는 사랑과 은혜와 교제와 평강이 교회에 있을 때 사람들은 그 교회에 눈길을 돌릴 것이다.

요즘 한국 교회는 사회에서 영향력을 잃어 가고 있고 영적 리더십을 행사하지 못하고 있다. 사회를 선도하기는커녕 오히려 세상에 끌려간다. 사람들은 교회에 손가락질을 하고 비난하며 오히려 교회를 걱정한다. 팬데믹을 지나오면서 이런 경향은 더욱 심해졌다.

이렇게 되기까지 많은 이유가 있겠지만 그중 하나는 교회가 사랑을 잃어버렸기 때문이 아닐까? 예루살렘 교회처럼 사랑의 장관(壯觀)을 펼쳐 보이기보다 오히려 서로 싸우거나 자기만 아는 이기주의적인 행태를 보였기 때문이 아닐까?

교회는, 그리고 특별히 그 리더들은 무엇보다 사랑을 회복해야 한다. 주님이 우리를 사랑해 주신 것처럼 우리도 그렇게 서로를 사랑해야 한다. 용납하고 용서하며 우는 자들과 함께 울고 즐거워하는 자들과 함께 즐거워해야 한다.

그런 사랑이 부서와 소그룹과 교회 공동체에 있을 때, 또한 그 교회의 리더들과 목회자에게 있을 때, 그리고 그 사랑을 흘려보낼 때 교회는 잃어버린 영향력을 되찾게 될 것이며 세상을 선도하는 리더의 역할을 감당할 수 있을 것이다. 사도행전적 교회의 모습을 조금이나마 가질 수 있을 것이다.

1. 자신의 리더십을 평가해 봅시다. 사람들은 직위 때문에 당신을 따릅니까? 다른 요소 때문이라면 그것이 무엇이라고 생각합니까?

2. 오늘날 한국 교회는 세상에서 비호감의 대상이 되었고 선한 영향력을 잘 미치지 못하고 있습니다. 다시 말해 세상에 영적 리더십을 전혀 행사하지 못한다는 뜻입니다. 예루살렘 교회의 모습에 비추어 볼 때 가장 큰 이유는 무엇이라고 생각합니까? 아울러 오늘날 한국 교회의 상황에서 우리는 어떻게 초대 교회가 했던 사랑의 행위들을 회복할 수 있을까요?

3. 요한복음 13장 34-35절을 다시 한번 읽고 그 의미를 되새겨 봅시다. 당신은 어떻게 이 계명에 순종할 수 있습니까? 구체적으로 나누어 봅시다.

4. 사랑을 통해 누군가의 마음을 열고 선한 영향을 미친 사례가 있다면 말해 봅시다.

5. 저자는 우리가 먼저 하나님의 사랑을 받고 경험해야 서로 간에 그리고 이웃에게 사랑을 베풀 수 있다고 말합니다. 당신은 예수 그리스도의 십자가에서 드러난 하나님의 사랑을 경험하였습니까? 아울러 매일의 삶에서 하나님의 사랑을 실제로 경험하고 있습니까? 주님의 사랑을 경험하기 위해 자신에게 필요한 것은 무엇인지 나누어 봅시다.

03

Learn leadership in the Acts of the Apostles

한 사람 철학, 리더의 바른 가치관

사도행전 3:1-10

신학생 시절, 작은 한인 교회를 전도사로 섬겼다. 어느 날 목사님이 휴가를 가서서 수요예배 설교를 하게 되었다. 장년들 앞에서 설교할 수 있는 흔치 않은 기회여서 정말 열심히 설교 준비를 했다.

교인들이 대체로 나를 좋아했고 목사님이 안 계실수록 더 열심히 예배에 출석할 거라는 한 성도의 말이 순진한 나를 고무시켰다. 모든 교인이 오지 않더라도 적어도 수요예배 출석 기록을 깰 수 있겠다는 야심찬 생각도 했다. 그런데 단 한 사람도 나타나지 않았다. 엄청난 기대를 갖고 예배에 간 아내와 나는 큰 실망을 금할 수가 없었다.

한 5분쯤 지났을까? 한 남자 집사님이 나타났다. 나보다 한 열다섯 살 정도 많은 분이었는데 평소 참 어려웠던 분이다. 솔직히 설교할 기분도 들지 않았고 엄두도 나지 않았다. 어떻게 근엄한 표정의 삼촌뻘 되는 집사님 딱 한 사람에게 설교를 한단 말인가? 반주자 자리에 앉은 아내도 난감하기는 마찬가지였다.

설교가 잘 되지 않았다. 그분도 엄청 불편해 했다. 그렇다고 설교를 안 할 수도 없었다. 학교면 휴강을 하거나 자습을 시키면 되지만 교회 예배를 어떻게 휴강하겠나? 결국 그 한 명의 집사님 앞에서 진땀을 흘리며 설교를 했다. 마음속엔 실망과 원망이 가득했다.

예배를 마치고 집에 가면서 아내에게 불평을 했다. "아니 어떻게 한 사람만 달랑 나올 수 있단 말이야? 정말 너무들 하네. 아무리 전도사지만 이래도 되나?" 내 불평은 이어졌다. "한 사람이 나오려면 차라리 아무도 안 오는 게 낫지! 그러면 애써 준비한 설교를 다음에 써먹을 수도 있을 텐데. 아니 그 집사님은 지각하면서 나오긴 왜 나와? 그냥 집에서 쉬시지."

나는 씩씩대며 실망감과 좌절감을 토로했다. 지금 생각하면 참 부끄럽다. 나는 한 사람의 가치를 전혀 알지 못한 철부지 전도사였다.

사람이 너무 많아서

한 사람에 대해 당신은 어떤 태도를 취하는가? 지금 우리나라처럼 인구 밀도가 높고 어디를 가든지 수많은 사람이 서로 부대끼는 나라에선 한 사람의 가치가 너무 보잘것없게 느껴진다. 그렇지 않은가? 오죽했으면 생일 축하 노래도 우리가 생일 파티 때 흔히 부르는 "생일 축하합니다!"라는 가사 대신 "왜 태어났니? 왜 태어났니? 사람도 많은데 왜 태어났니?"라는 가사를 넣어 부르겠는가?

내가 아는 어느 교역자는 부목사 시절, 담임목사님 생일에 모처럼 유머 감각을 발휘하겠다고 사모와 함께 이처럼 개사된 생일 축하 노래를 불렀다가 담임목사님을 웃기기는커녕 그의 인상을 어둡게 하기도 했단다.

그런데 사실 "왜 태어났니?"는 그냥 웃기는 가사에 그치지 않는다. 그것은 사람에 대한 우리의 일반적인 태도가 반영된 노래 가사이다. 솔직히 우리는 사람을 귀하게 여기지 않는다. 별 볼 일 없는 한두 사람이 죽는다고 한들 눈도 깜짝 안 한다.

이웃 나라 중국의 경우는 더 하다. 사람이 너무 많아서 그런지 모르겠지만 누군가 눈앞에서 죽어 가도 그냥 죽게 내버려 둔다. 14억 인구를 자랑하는 나라이니 그 가운데 한 사람이 얼마나 우습게 여겨지겠는가?

언젠가 다리에서 뛰어내리는 여자를 말리기는커녕 스마트폰으로 촬영한 사실이 알려지며 국제적인 비난을 받기도 했고, 오토바이를 타고 가던 한 60대 중국 남성이 빗길에 중심을 잃고 쓰러졌는데 아무도 도와주지 않아 도심 한복판에서 고작 발목이 잠길 정도의 빗물에 잠겨 숨진 일도 있었다. 사람 하나쯤이야 아무것도 아니라고 생각했던 것이다. 사람이 너무 많아서 사람이 사람으로 안 보인 것일까?

이런 태도는 중국에서만 있는 일이 아니다. 우리 그리스도인들과 교회에도 만연해 있다. 한 사람이 온 천하보다 귀하다고 말은 하지만 실제로 그렇게 믿는 것 같지 않다. 소그룹 사역을 하는 리더들도 사람이 적게 모이면 낙심을 한다. 소그룹이기 때문에 적어도 괜찮다고, 오히려 적은 인원이 모여 깊게 교제하는 기회가 될 수 있으니 모인 사람에게 집중하라고 권면을 해도 그 말에 별 위로를 못 받는다.

목회자들도 큰 무리를 좋아하지 한 사람은 크게 신경을 쓰려하지 않는다. 그 한 사람이 평범하고 별로 가진 게 없으면 더 그렇다. 그렇지 않다면 왜 모두 그렇게 큰 교회를 하겠다고 나서겠으며 유력한 사람들을 모으려고 애를 쓰겠는가?

그러나 영향력은 한 사람에서부터 시작됨을 잊어서는 안 된다. 한 사람을 우습게 여기는 자가 많은 사람에게 제대로 된 영향력을 발휘할 수 있을까? 그가 누군가의 마음을 얻는 리더가 될 수 있을까?

사도행전 3장 1절부터 10절에는 정말 별 볼 일 없는 한 사람과 그를 주목한 두 지도자의 이야기가 그려져 있다. 이 이야기는 한 사람에 대한 우리의 태도가 어떠해야 함을, 그리고 그것이 영향력 있는 하나님 나라의 사역에서 얼마나 중요함을 잘 보여준다.

기도하러 가는 길에

사도행전 3장 이야기는 예수님의 제자요, 예루살렘 교회의 리더 베드로와 요한이 기도 시간에 맞춰 성전을 오르는 것으로 시작이 된다. 그들은 예수님의 제자인 동시에 경건한 유대인이었기 때문에 기도하기 위해 성전에 올라갔다. 다니엘을 비롯한 모든 경건한 유대인은 하루에 세 번 정해진 시간에 기도를 했다. 1절에 의하면 그들은 오후 세 시의 기도 시간에 성전으로 갔는데 이 시간은 유대인들이 저녁 제사를 마친 직후의 시간이다. 그 다음 내용은 이들이 기도하러 가는 중에 생긴 예기치 못한 일을 묘사한다.

성경에 보면 기도할 때 놀라운 일이 생기는 경우가 종종 있다. 그런데 지금은 기도를 아직 시작하지 않았고 그냥 기도하러 가고 있는 도중에 놀라운 일이 발생한다. 나는 이 구절을 읽으면서 기도에 대한 확실한 동기 부여를 받았다.

어떤 일이 벌어졌을까? 누가는 2절에서 이렇게 썼다. "나면서부터 못 걷는 사람을 사람들이 떠메고 왔다. 그들은 성전으로 들어가는 사

람들에게 구걸하게 하려고, 이 못 걷는 사람을 날마다 '아름다운 문'이
라는 성전 문 곁에 앉혀 놓았다."

일단의 사람들이 한 선천성 장애인을 메고 와서 아름다운 문이라
는 헤롯 성전의 문 옆에 두었다. 개역 성경이 미문(美門)으로 번역한
이 문은 고린도의 청동으로 장식된 거대한 문이다. 얼마나 육중했던
지 한번 여닫을 때 스무 명의 장정이 동원되었다고 한다.

유대인들은 자선을 미덕으로 생각했기 때문에 이 불쌍한 사람을
그 문 곁의 좋은 자리에 두었다. 그 남자는 매일 거기 있는 수십 명의
다른 걸인들과 더불어 그 앞을 지나가는 예배자들의 주의를 끌고자
애를 썼다. 사도행전 4장 22절에 의하면 이 사람은 마흔이 넘은 사람
이다.

이 남자의 상황을 생각해 보라. 40년이 넘도록 한 번도 걸어 본 적
이 없다. 삶이 얼마나 힘겨웠을까? 꿈을 잃은 지 너무 오래 되었고 사
랑 한번 해 본 적 없다. 누군가에 의존해 구걸을 하며 죽지 못해 살고
있는 것이다.

그런 상황 가운데 베드로와 요한이 성전에 들어가려 했다. 그는 손
을 내밀어 구걸을 하였다. 지하철 역사의 계단이나 전철 안에서 구걸
하는 사람들을 보면 모든 사람에게 다 호소를 하기보다는 자기들이
보기에 반응할 만한 사람들에게 집중적으로 호소하는 경향이 있다.

이 이야기의 걸인은 다른 사람보다 베드로와 요한이 반응을 보일
가능성이 더 있다고 생각했을지 모른다. 그는 오랜 기간 그렇게 구걸
을 했기 때문에 어떤 사람이 반응을 보일지를 본능적으로 알 수 있었

을 것이다.

베드로와 요한은 어떻게 했을까? 그들은 최근에 수천 명을 그리스도께 인도한 엄청난 전도 성과를 거두었다. 설교 '한 방'에 삼천 명이 예수님을 믿었고, 그 후 계속해서 날마다 새로운 사람들이 구원을 받고 교회에 더해졌다. 소위 부흥의 파도가 밀어닥친 것이다.

이처럼 잘나가는 그들에게 이 선천성 장애를 앓는 가련한 걸인 한 사람이 눈에 들어왔을까? 굳이 이런 사람까지 전도하지 않아도 지금 사역은 너무 잘되고 있다. 대부분은 그냥 눈길조차 주지 않고 지나쳤을 것이다. 그렇게 하더라도 누가 그들을 비난할 것인가?

그러나 그들은 그렇게 하지 않았다. 누가는 이렇게 묘사한다. "그는, 베드로와 요한이 성전으로 들어가려는 것을 보고 구걸을 하였다. 베드로가 요한과 더불어 그를 눈여겨보고, 그에게 말하였다. '우리를 보시오!'"(행 3:3-4) 누가는 그들이 이 사람을 눈여겨보았다고 했다. 관심을 갖고 그를 주목한 것이다.

어떻게 그럴 수 있었을까? 기도의 영으로 하나님께 주파수를 맞춘 가운데 사역이 숫자나 사이즈의 문제가 아님을 이해했기 때문이었다. 한 사람의 소중함을 알았기에 그들은 그 사람을 그냥 지나치지 않았고 하나님께서 그들 앞에 두신 사역의 기회를 잡을 수 있었던 것이다.

그를 깊이 보다

베드로와 요한은 그 사람을 주목하며 "우리를 보시오!"라고 말했다. 그들의 눈빛은 어떤 눈빛이었을까? 가련한 상황에 처한 이 한 사람의 아픔을 공감하며 긍휼히 여기는 연민의 눈빛이지 않았을까? 아무도 눈길조차 주지 않는 이 한 사람을 하나님의 형상대로 창조된 소중한 인격체로 바라보는 존중의 눈빛이지 않았을까? 그랬을 것이다.

그러나 동시에 그 눈빛은 그 사람의 진정한 필요를 꿰뚫어 보는 통찰의 눈빛이기도 했으리라. 그에게는 그저 돈 몇 푼이 필요한 것이 아니다. 그에게는 길이요 진리요 생명 되신 나사렛 예수가 필요하다. 베드로와 요한은 그 사람의 깊고 진정한 필요를 보았다.

그러고서 베드로는 이렇게 말했다. "은과 금은 내게 없으나, 내게 있는 것을 그대에게 주니, 나사렛 예수 그리스도의 이름으로 일어나 걸으시오."(행 3:6) 우리는 사역의 요구를 받으면 자원이 없다고 핑계를 댄다. 돈이 없고 사람이 없다고 말한다. 부끄럽지만 나도 종종 그런다. "주님, 돈만 충분히 있으면 인근 대형 교회들처럼 유명한 셀럽들을 초청해서 전도 집회에 더 많은 사람을 오게 할 수 있을 텐데 참 안타깝네요!"

그러나 하나님은 우리가 가지지 않은 것을 주도록 요구하지 않으신다. 중요한 질문은 이것이다. '우리에게 나사렛 예수 그리스도의 이름, 즉 그분의 권세와 능력이 있는가?' 그것이면 모든 문제는 해결된다. 그것만 있으면 하나님의 역사는 일어날 수 있다.

사실 현대 교회는 초대 교회에 비하면 훨씬 많은 돈과 자원을 가지고 있다. 문제는 우리의 불신으로 나사렛 예수의 이름과 권능이 사라지고 있다는 점이다. 13세기 교황이었던 이노센트 4세가 대신학자(大神學子)인 토마스 아퀴나스(Thomas Aquinas)에게 "이봐, 이제 교회는 더 이상 '은과 금은 내게 없으나'라고 말하지 않아도 된다네. 주님이 풍성히 주셨지!"라고 자랑하듯 말했다. 그러자 아퀴나스는 예의를 갖추면서도 뼈가 있는 대답을 했다. "그렇습니다. 교황 성하. 그러나 동시에 주 예수 그리스도의 이름으로 걸으라고도 할 수 없겠죠!" 안타깝게 현대 교회도 이와 크게 다르지 않다.

헤롯 성전의 문 옆에 있던 그 사람은 어떻게 되었을까? 놀랍게도 그는 즉시 치유되었다. 누가는 계속 이야기를 이어 간다. "그의 오른손을 잡아 일으켰다. 그는 즉시 다리와 발목에 힘을 얻어서, 벌떡 일어나서 걸었다."(행 3:7-8a) 눈앞에서 이런 일이 일어났다고 생각을 해 보라. 얼마나 놀라웠을까? 정말 믿기 힘든 일이 일어난 것이다. 날 때부터 평생을 걸을 수 없었던 다리와 발목에 힘이 들어갔다고 했다.

그런데 사도행전 3장 16절에 의하면 그에게 들어간 것은 이것만이 아니었다. 더 귀하고 놀라운 것, 바로 예수 그리스도에 대한 믿음이 들어간 것이다. 베드로는 그가 예수의 이름을 믿는 믿음으로 나았다고 선언했다. 육신과 함께 영혼이 치유되었다. 얼마나 기뻤겠는가?

딸내미가 어릴 때 골절을 당해 3개월간 양쪽 다리에 깁스를 한 적이 있었다. 마침내 그것을 풀었으나 당장 걷지는 못해서 그 아이를 안고 처음 교회에 갔을 때 내 마음은 날아갈 것 같았다. 그런데 이 사람은 40년 이상을 걷지 못하다가 처음으로 일어났다. 그 기분은 말로 표현할 수 없었으리라!

뿐만이 아니다. 그동안 상상만 하다가 난생 처음으로 성전에 들어가는 꿈같은 경험도 했다. 사회에서 버림받았던 자가 어엿이 예배 공동체의 일원이 되었다. "그는 걷기도 하고, 뛰기도 하며, 하나님을 찬양하면서, 그들과 함께 성전으로 들어갔다."(행 3:8) 여기에서 '뛴다'는 단어는 헬라어로 번역된 70인역 구약 성경에서 사슴에 적용된 단어이다. 그는 사슴처럼 뛰며 기뻐했다.

그런데 기뻐하고 놀란 것은 이 사람뿐 아니었다. 주위에 있던 사람들도 다 놀랐다. "사람들은 모두 그가 걸어다니는 것과 하나님을 찬양하는 것을 보고, 또 그가 아름다운 문 곁에 앉아 구걸하던 바로 그 사람임을 알고서, 그에게 일어난 일로 몹시 놀랐으며, 이상하게 여겼다."(행 3:9-10) 사람들은 이 일을 무시할 수 없었다. 그들은 경탄했고 기이하게 여겼다. 하나님의 구원이 이루어진 것이다.

그러나 이게 다가 아니었다. 이 사건으로 인해 사람들이 몰려들었고 사도행전 4장 4절에 의하면 결국 남자 어른만 약 오천 명이 예수님을 믿게 되었다. 여자와 아이까지 하면 만 오천 명은 족히 되지 않았을까?

이 모든 것은 베드로와 요한이 성령의 이끄심 가운데 자신의 인생길에서 만난 보잘것없는 한 사람을 그냥 지나치지 않고 긍휼의 마음으로 그의 깊은 필요를 바라보았기 때문에 가능했던 것이다.

한 사람을 구하는 것은

이 이야기를 통해 나누고 싶은 요점은 딱 하나다. 영향력 있는 리더로 쓰임받기 원한다면 하나님께서 삶의 길에 만나게 하신 한 사람의 가치와 중요성을 인식하고 그의 깊은 필요를 바라보라는 것이다.

그 사람은 당신의 직장 동료나 부하일 수 있고, 당신에게 도움을 요청하는 어떤 사람일 수 있다. 사람들이 별로 중요하게 여기지 않고 당신에게도 전혀 도움이 안 되는 지인일 수 있다. 당신이 속한 공동체에서 잘 어울리지 못하고 따돌림을 당하는 사람일 수 있다. 지지리 속을 썩이는 당신의 배우자나 자녀일 수 있다.

그가 누구이든 그를 무시하거나 피하지 말고 그에게 다가가 그를 주목하기 바란다. 긍휼의 마음으로 그의 깊은 필요를 보기 바란다. 하나님이 외아들을 내어 줄 정도로 사랑하시는 한 사람으로, 그리고 하나님을 너무 필요로 하는 한 사람으로 볼 수 있기를 바란다. 거기서부터 영향력은 시작된다.

우리는 종종 200명 또는 300명을 전도해서 소위 '전도왕'이 된 사람들의 간증을 듣는다. 어떤 사람은 그 일에 너무나 큰 열정이 뻗쳐 직장까지 그만두고 그 일을 했다고 말한다. 셀이나 목장, 순모임과 같은 소그룹 사역을 하는 사람들의 경우에는 이미 여러 개의 소그룹을 분립 개척하여 몇 개의 소그룹을 돌보는 소위 '마을 목자'나 '슈퍼 셀 리더'가 있다. 우리는 그런 사람을 부러워하며 나도 저렇게 많은 사람에게 영향을 끼치면 좋겠다고 생각을 한다.

그러나 그들은 대부분의 경우, 한 사람에 대한 진정한 관심으로부터 그 사역을 시작했다. 고(故) 옥한흠 목사님이 사랑의교회를 담임했을 때 순장으로 임명을 받은 한 성도는 처음 얼마 동안 아무도 모임에 오지 않아 작은 상을 놓고 혼자서 자리를 바꿔 앉아 가며 교재의 문제를 읽고 답하면서 순모임을 했다고 한다. 그러는 가운데 마침내 한 사람이 왔다. 그 사람이 얼마나 귀하게 여겨졌을까? 그는 그 한 사람에게 모든 것을 쏟아 부었고 그 한 사람은 여러 사람으로 불어났다. 그리고 시간이 지나 그 순 모임은 또 다른 모임을 낳았다. 그는 열 개가 넘는 순 모임을 개척했다고 한다.

바울은 골로새서에서 "우리가 그를 전파하여 각 사람을 권하고 모든 지혜로 각 사람을 가르침은 각 사람을 그리스도 안에서 완전한 자로 세우려 함이니 이를 위하여 나도 내 속에서 능력으로 역사하시는 이의 역사를 따라 힘을 다하여 수고하노라"(골 1:28-29, 개역개정)라고 말하면서 한 사람에 대한 자신의 열정을 밝히고 있다. 그는 수많은 무리가 아니라 각 사람(each person)을 주님 안에서 성숙한 자로 세우기 위해 힘을 다해 수고한다고 했다. 바울에게는 소위 '한 사람 철학'이 있었다.

한국 교회에서 존경받는 옥한흠 목사님은 대형 교회의 목회자였지만 위의 구절에 드러난 한 사람 철학으로 사역을 했다고 한다. 교회가 커지면서 그는 자신과 교회가 제자 훈련의 한 사람 정신을 잃을까봐 늘 노심초사했다는 것이다. 개척 교회 시절부터 그와 함께 했던 한 동역자는 그에 대해 이렇게 증언한다.

그분은 분수에 지나치는 욕심을 부리거나 야망을 가지고 목회하지 않으셨다. 그저 한 사람을 위해서 생명 바치라면 바치겠다는 각오로 목회하셨다. 시간이 날 때마다 한 사람을 가슴에 품고 변화시키려는 목회를 하라고 강조하셨다. 아무리 큰 목회를 하고 위대한 신학적인 지식을 쌓아 올린 신학자가 된다 하더라도 이것이 빠지면 아무 것도 아니라고 강조하셨다. 설교를 잘하는 것으로 만족하지 말고 큰 교회에서 목회하는 것을 자랑하지 말며, 한 영혼을 사랑하고 예수의 제자로 세우는 사역을 하는 것이 목회의 본질이라고 늘 강조하셨다.

우리는 옥한흠 목사님처럼 한 사람을 귀히 여기고 지금 내 앞에 있는 한 사람에게 집중하며 예수 그리스도 안에서 그를 세우기 위해 힘을 다해 수고하는 바울의 그 한 사람 철학을 공유할 필요가 있다.

복음을 전하는 전도자가 되고 싶다면 사도행전 이야기의 베드로와 요한처럼 기도하고 하나님과 교통하면서 하나님께서 내 삶의 길에 두신 한 사람에게 다가가 그를 주목해야 한다. 모임의 인도자라면 한 사람만 왔다고 실망하지 말고 오히려 한 사람을 온전히 세울 수 있는 기회가 되었음을 인식해야 한다. 제자 훈련이나 양육의 리끄미라면 한 사람을 주님의 온전한 제자로 변화시키는 일에 목숨을 건 것처럼 헌신해야 한다. 교회를 목회하는 목사의 경우도 마찬가지이다.

서두에서도 잠깐 언급했지만 우리가 사는 세상은 한 사람의 가치를 잘 인식하지 못한다. 특별히, 평범하거나 별 볼 일 없는 보통 사람일 경우 신경 쓰지 않는다. 그러나 우리는 그렇게 하면 안 된다. 하나님께 한 사람은 너무도 중요하기 때문이다. 그 한 사람을 구원하기 위해 당신의 아들을 보내셨기 때문이다. 그러므로 본문의 이 제자들처럼 기도하는 가운데 하나님과 교통하면서, 하나님이 내 삶의 길에 두신 한 사람에게 다가가 그를 주목할 필요가 있다. 그것을 통해 어떤 일이 벌어질지 우리는 아무도 모른다.

19세기 미국 보스턴의 한 회중 교회에서 섬기던 에드워드 킴볼(Edward Kimball)이라는 주일 학교 교사는 자기 반에 속한 드와이트 무디(Dwight Moody)라는 한 10대의 영적 상태가 궁금했다. 그는 학교도 안 다니고 삼촌의 구두 가게에서 심부름을 하던 별 볼 일 없는 아이였다. 자기가 맡은 여러 학생 중의 하나로 그냥 지나칠 수도 있었지만 킴볼은 그 한 영혼을 소중히 여겼다.

그는 주말에 시간을 내어 구두 가게로 무디를 찾아갔다. 그러고는 그에게 복음을 전했고, 무디는 그때 예수 그리스도를 자신의 구주로 영접했다. 이 아이는 후일 미국과 영국의 엄청난 영적 각성과 부흥을 이끈 위대한 전도자요 부흥사로 쓰임받게 된다.

초등학교도 제대로 못 나온 무식한 전도자의 말에 옥스퍼드와 캠브리지의 석학들이 눈물을 흘리며 회개하는 놀라운 일이 일어났다. 한 주일 학교 교사가 보잘것없는 한 아이를 소중히 여기고 그를 찾아가 그의 눈을 보며 복음을 전하지 않았다면 이런 일은 일어나지 않았을 것이다.

영화 〈쉰들러 리스트〉를 보면 전쟁이 끝난 후, 독일인 사업가 오스카 쉰들러가 도망을 가기 전에 그가 구해 준 유태인들과 작별하는 장면이 나온다. 유태인들이 너무나 고마워서 자신들의 금니를 뽑아 그것을 녹여서 반지를 만들어 그에게 준다. 반지에는 탈무드의 한 구절을 인용한 이런 글이 새겨져 있었다. '한 사람의 생명을 구한 것은 온 세상을 구한 것과 같다.'

그렇다. 그 한 사람은 온 세상을 창조하신 하나님께서 심혈을 기울여 당신의 형상대로 만든 작품이기 때문이다. 우리는 이 마음을 갖고 한 사람에게 다가가 그를 주목해 보아야 한다. 그의 진정한 필요를 보며 예수 그리스도를 전하고 가르쳐야 한다. 영향력은 그렇게 시작되며 거기서 참된 리더십이 나오기 때문이다.

잃어버린 한 사람을 찾아

영화 〈라이언 일병 구하기〉는 스티븐 스필버그 감독이 지휘봉을 잡고 미국의 국민 배우 톰 행크스가 열연한 제2차 세계 대전의 일화를 다룬 영화이다. 노르망디 상륙 작전에 참가한 미국 육군 대위 존 밀러는 작전이 끝나자마자 바로 새로운 임무를 부여받는다. 그것은 독일군 사이에 고립돼 있는 제임스 라이언 일병을 구해 오라는 것이다.

미국 행정부는 네 형제가 모두 참전한 라이언 가(家)에서 유일하게 살아남은 라이언 일병을 구하는 것이 국민의 사기 진작에 불가피하다는 판단 아래 명령을 내렸다. 그러나 밀러의 부대원들은 회의에 빠진다. 고작 한 사람의 군인을 구하기 위해, 그것도 일병에 불과한 사람을 구하기 위해 그런 대가를 지불하는 것이 맞는가 하는 질문에 대해 '그렇다'고 자신 있게 대답할 수 없었던 것이다.

그렇지만 국가의 명령이기에 그들은 위험을 무릅쓰고 적진에 들어가 천신만고 끝에 라이언 일병을 구해 낸다. 희생이 없지 않았다. 그러나 제임스 라이언 일병은 살았다. 그리고 그 희생적인 구조 작전은 제임스 라이언이라는 한 사람의 생애를 변화시켰다. 그는 평생 그 은혜를 잊지 않았고 그들의 그 희생에 부끄럽지 않은 삶을 살려고 노력한다.

밀러의 대원들은 국가의 명령으로 일병 한 사람을 구하기 위해 사지로 들어갔지만 우리 주님은 자원하심으로 잃어버린 한 사람을 찾아 하늘의 영광을 버리고 죄악과 사망의 이 땅으로 오셨다. 그분은 공생애를 시작하면서 엄청난 인기를 얻고 수많은 무리가 그를 따라왔을 때에도 한 사람을 향한 마음을 잃지 않으셨다.

그 마음은 어느 날 오래된 도시 여리고로 들어가셨을 때 일어난 사건에서 잘 드러난다. 당시 그분은 수많은 무리가 그를 에워쌌을 정도로 인기를 얻었고 소위 말하는 사역의 성공을 경험하고 계셨다. 그런데 바로 그 순간에도 그분은 뽕나무 위에 올라간 키 작고 죄 많은 한 사람 삭개오를 주목하고 그의 이름을 부르셨다.

그는 세리장이었다. 이스라엘 사람들이 혐오하는 로마의 부역자요, 돈만 아는 쓰레기 취급을 받는 자였다. 그러나 그는 동시에 하나님의 형상대로 창조된 소중한 사람이요, 하나님께서 찾기를 원하시는 '잃어버린 자'였다.

예수님은 구설수에 오르고 비난을 받을 수도 있었지만 삭개오의 집까지 들어가셨다. 잃어버린 한 사람을 찾아 구원하기 위해서였다. 예수님이 그렇게 하셨다면 그분의 몸인 교회도 마땅히 그래야 하지 않겠는가?

그렇다. 개인뿐 아니라 예수 그리스도의 몸된 교회도 한 사람 철학을 가져야 한다. 성장을 추구하고 교회에 사람이 좀 늘어나다 보면 한 사람의 중요성과 가치를 망각하기 쉽다. 그러나 그래서는 안 된다. 교회는 제2차 세계 대전 당시 미국 정부가 라이언 일병에게 가졌던 것과 같은 관심을 한 사람에게 가져야 하고, 그 한 사람을 위해 기꺼이 대가를 지불하려고 해야 한다.

교회는 또한 예수님께서 삭개오라는 잃어버린 한 사람에게 가졌던 열정을 공유해야 하며 그 한 사람을 구원으로 이끌 뿐 아니라 하나님의 자녀로 세워 주기 위해 적극적으로 찾아가야 한다.

나는 예수님을 믿은 후 누군가로부터 '예수님은 이 세상에 사람이 너 하나밖에 없었다 하더라도 여전히 십자가를 지셨을 것'이라는 말을 듣고 큰 감동을 받은 적이 있다. 이 장을 마무리하며 나누고 싶은 찬양 가사가 그런 내용을 담고 있다. CCM 듀오 '소망의 바다'가 부른 〈한 사람〉이다. 이 가사를 조용히 묵상하며 우리 주님이 가지셨던 그 한 사람 철학을 더 깊이 마음에 새길 수 있으면 좋겠다.

이 세상에 구원받아야 할 사람이

만일 나 하나뿐이었다 할지라도

오직 나 하나만을 위하여

십자가 지시고 걸어가셨을 오직 한사람

주를 위해 세운 위대한 계획보다

부흥 이룰 어떤 화려한 방법보다

주님 눈물이 흘러가는 곳으로

내 눈물도 함께 흐르며 주만 섬기리

이 세대를 향한 아버지의 마음을

잃어버린 한 사람 주께 돌아오는 것

주님이시라면 담담히 가셨을 그곳으로

그토록 찾으시던 천하보다 귀한 한 사람에게로

이 세대를 향한 아버지의 마음을

잃어버린 한 사람 주께 돌아오는 것

주님이시라면 담담히 가셨을 그곳으로

그토록 찾으시던 천하보다 귀한 한 사람에게로

그토록 찾으시던 천하보다 귀한 한 사람에게로

한 사람에게로

1. 만약 당신이 베드로와 요한이었다면 성전 입구에서 구걸하는 그 걸인에게 관심을 갖고 그를 주목하여 볼 가능성이 몇 퍼센트나 될까요? 자신의 평소 경향성을 고려하면서 스스로를 평가해 보세요.

2. 베드로와 요한이 날 때부터 걷지 못하는 걸인을 눈여겨보고 예수 그리스도의 이름으로 그를 고쳐 준 후, 어떤 일들이 일어났나요?(행 3:8-10, 11-26, 4:4) 이것이 당신에게 말해 주는 교훈은 무엇입니까?

3. 본문에 언급된 사람들 외에 참으로 '한 사람 철학'을 갖고 살며 사역하는 리더를 들자면 누구를 들 수 있을까요?

4. 당신은 한 사람을 얼마나 중요하게 여깁니까? 그것은 삶에서 어떻게 드러납니까?

5. 한 사람의 가치와 중요성을 인식하고 그의 깊은 필요를 더 잘 보기 위해 당신에게 필요한 것은 무엇입니까? 어떻게 하면 '한 사람 철학'을 체화할 수 있을까요?

04

Learn leadership in the Acts of the Apostles

거룩, 리더의 경쟁력

사도행전 4:32-5:11

우리 교회 집사님이 들려준 이야기이다. 서울역에서 회사로 복귀하기 위해 회사 직원 두 명과 함께 택시를 탔단다. 택시의 스피커에서는 한 기독교 라디오 방송 멘트가 흘러나왔고 50대 후반의 기사가 운전을 하고 있었다.

직원 한 명이 기사에게 말을 건넸다. "달린 거리에 비해 자동차 관리를 잘하셔서 상태가 참 좋습니다." 분위기를 부드럽게 하기 위해 격려성 멘트를 날린 것이지만 기사는 그 말에 대해 아무런 대답도 하지 않았다. 자기를 칭찬한 덕담인데 요즘 말로 그냥 '쌩깐' 것이다. 분위기가 냉랭해지자 다른 직원이 "서울역 고가 철거로 요즘 그 주변이 많이 밀리지요?"라고 물었다. 그 질문에도 기사는 아무 말도 하지 않았다.

그 후 차 안에는 찬송과 유명 교회 목사님의 말씀만 흘러나왔다. 차가 목적지인 회사에 도달하자 기사는 아무 말 없이 거스름돈을 툭 쥐어 주고는 붕~ 소리를 남기고 떠났다. 완전히 무시당한 기분이 들었던 직원 한 사람이 이렇게 말했다고 한다. "저분은 저 방송 틀어 놓으면 안 되겠어요!"

그 기사분이 정말 그리스도인인지 아닌지 나는 모른다. 기독교 방송을 틀어 놓고 운전을 한다는 것으로 보아 적어도 교회 다니는 사람이라고 추정할 수 있다. 불교나 다른 종교에서 기독교를 폄훼하기 위해 일부러 박아 놓은 사람은 아니지 않겠는가?

그러니 그분은 소위 크리스천으로 분류되는 사람일 것이다. 그것도 그냥 대충하는 사람이 아니라 열심을 갖고 교회에 참여하는 성도라고 생각할 수 있다. 아마 직분자일 가능성이 많다. 그런 그가 이 일화에서 세상 사람과 다른 것이라고는 종교 방송을 틀어 놓았다는 점 외에 아무것도 없다. 오히려 세상 사람보다도 못 하다.

만약에 이 사람이 다른 일반적인 택시 기사와 달리 원래 버전의 기독교적 방식으로 승객에게 대응했다고 해 보자. 승객을 따뜻한 인사로 맞이하고 질문에 친절히 답해 주며 교통 법규를 철저히 준수하면서 안전하게 운전했다면 어땠을까? 좀 무례한 끼어들기가 있었더라도 웃는 얼굴로 양보해 주고 "저분이 많이 바쁘신 모양이네요."라는 멘트를 했다면 어땠을까? 그랬다면 승객이었던 회사 직원들은 기독교에 대해 보다 긍정적인 인식을 갖지 않았을까? 분명히 그랬을 것이다.

사도행전 4장 32절부터 5장 11절 사이에는 위의 택시 기사와 상당히 다른 한 무리의 그리스도인이 나온다. 그들은 당시 예수님을 믿지 않는 일반인과 달랐다. 좋은 의미로 말이다. 해서 그들은 당시 세상에 선한 영향을 끼칠 수 있었다. 이 힘은 어디서 왔을까? 바로 거룩의 힘이었다.

거룩은 우리가 흔히 생각하는 것처럼 기괴하거나 종교적인 무엇이 아니다. 그것은 또한 목사나 성직자에게만 필요한 덕목도 아니다. 거룩은 선한 영향을 끼치기 원하는 모든 그리스도인 리더가 지녀야 할 아름다운 덕목이다. 앞서 언급한 사도행전 본문에서 거룩은 어떤 방식으로 나타났을까?

이상적 공산주의도 부러워한 공동체

본문은 두 섹션으로 구성되어 있다. 첫 번째 섹션은 예루살렘 교회 신도들의 공동 소유 생활에 대해 말하고 있고, 두 번째 섹션은 그 상황에서 아나니아와 삽비라라는 부부와 얽힌 사건에 대해 언급하고 있다. 본문의 첫 구절은 예루살렘 교회 공동체의 놀라운 모습에 대해 이렇게 묘사한다.

> [32]많은 신도가 다 한 마음과 한 뜻이 되어서, 아무도 자기 소유를 자기 것이라고 하지 않고, 모든 것을 공동으로 사용하였다. [33]사도들은 큰 능력으로 주 예수의 부활을 증언하였고, 사람들은 모두 큰 은혜를 받았다. (행 4:32-33)

갓 태어난 이 공동체는 기존의 유대교와도 다르고, 당시 세상과도 달랐다. 34절에 보면 그들 가운데 가난한 사람은 하나도 없다고 했다. 다 나누고 있기 때문이다. 이런 사회가 어디에 있는가? 땅이나 집을 가진 사람들은 그것을 팔아서 사도들에게 주었고 사도들은 사람들의 필요에 따라 나누어 주었다. 공산주의를 만든 마르크스가 이런 세상을 꿈꾸었을지 모르지만 실제로 그가 꿈꾸었던 일은 일어나지 않았다. 우리가 알다시피 공산주의 국가에는 가난한 사람이 넘쳐났고 그 경제 정책은 실패했다. 재산의 분배가 제대로 이루어지지 않았고 특권층은 부정과 부패를 일삼았다. 그런데 이들의 공동체는 달랐던 것이다.

이 새로운 공동체 가운데 바나바라는 사람이 있었다. 누가는 그를 이 공동체 나눔의 한 대표적인 예로 소개한다. 그의 이름은 요셉이었지만 우리에겐 별명인 바나바로 더 많이 알려져 있다. 바나바는 '위로의 아들' 또는 '격려의 아들'이라는 뜻이다. 그는 자기의 부동산인 밭을 팔아 교회에 드렸다.

> [36]키프로스 태생으로, 레위 사람이요, 사도들에게서 바나바 곧 '위로의 아들'이라는 뜻의 별명을 받은 요셉이, [37]자기가 가지고 있는 밭을 팔아서, 그 돈을 가져다가 사도들의 발 앞에 놓았다. (행 4:36-37)

그의 행위는 순전히 자발적이었다. 본문은 그 어떤 강요나 조작도 그에게 가해지지 않았음을 잘 보여준다. 이것이 마르크스 레닌의 공산주의와 성경의 그것이 다른 점이다. 그렇다. 이 공동체와 또 바나바의 나눔은 사람들의 필요를 보고 그 필요를 채우려는 선한 동기에서 시작된 순전히 자발적인 나눔이었다.

헌금하다가 죽은 부부

바나바 이야기에 이어 5장에 나오는 아나니아와 삽비라는 바나바의 헌신에 대해 들었음이 틀림없었다. 이 부부는 바나바가 받는 칭찬과 존경을 자기들도 받고 싶었던 모양이다. 그러나 바나바처럼 다 드리기에는 재산이 아까웠다. 해서 그들은 일부만 드리고 다 드린 것처럼 거짓말을 하기로 공모했다. 성령이 마음에 찔림을 주셨겠지만 무시하고 자기들의 계획을 실행에 옮겼다.

> [1]그런데 아나니아라는 사람이 그의 아내 삽비라와 함께 소유를 팔아서, [2]그 값의 얼마를 따로 떼어놓았는데, 그의 아내도 이것을 알고 있었다. 그는 떼어놓고 난 나머지를 가져다가, 사도들의 발 앞에 놓았다. (행 5:1-2)

아나니아가 경건한 표정으로 "이것은 우리의 땅 전부를 팔아 드리는 돈입니다"라고 헌금을 바치자 베드로가 속을 꿰뚫는 정확함으로 그의 죄를 지적했다. 베드로의 말은 그야말로 추상같았다.

> [3]그 때에 베드로가 이렇게 말하였다. "아나니아는 들으시오. 어찌하여 그대의 마음이 사탄에게 홀려서, 그대가 성령을 속이고 땅 값의 얼마를 몰래 떼어놓았소? [4]그 땅은 팔리기 전에도 그대의 것이 아니었소? 또 팔린 뒤에도 그대 마음대로 할 수 있었던 것이 아니었소? 그런데 어찌하여 이런 일을 할 마음을 먹었소? 그대는 사람을 속인 것이 아니라 하나님을 속인 것이오." (행 5:3-4)

베드로는 그들이 자기네 재산을 맘대로 할 수 있는 온전한 권리가 있는데 왜 이런 일을 꾸몄냐고 질책했다. 그러면서 그는 그들이 사탄에 홀려 성령을 속이는 큰 죄를 범했다고 지적했다. 아나니아는 이 말을 듣고 그 자리에서 쓰러져 숨졌다.

심리학적으로는 죄의 발각으로 인한 충격이 너무 커서 숨졌다고 말할 수 있지만 이 죽음의 궁극적 기원은 초자연적인 데 있었다. 이 광경을 본 사람들은 숨이 멎는 것 같은 두려움을 느꼈고 말 그대로 그 자리에 얼어붙어 버렸다. 결국 젊은이들 몇 명이 시체를 싸서 메고 나가 장사 지냈다.

삽비라는 남편이 헌금하는데 왜 이처럼 시간을 많이 쓰는지 궁금해졌다. 세 시간 쯤 기다리다 그녀는 사도들이 모인 곳으로 갔다. 베드로가 그녀에게 판 땅값이 이것뿐이냐고 물었다. 삽비라에게 회개와 자백의 기회를 준 것이다. 그러나 그녀는 그 기회를 날려 버렸다. 그녀는 무슨 말인지 모르겠다는 표정을 지으며 당연히 그렇다고 대답했다. 베드로는 또 한 번 어려운 진실을 말해야 했다.

[9]베드로가 그 여자에게 말하였다. "왜 그대들 내외는 서로 공모해서 주님의 영을 시험하려고 하였소? 보시오. 그대의 남편을 묻은 사람들의 발이 막 문에 다다랐으니, 그들이 또 그대를 메고 나갈 것이오."(행 5:9)

하나님의 엄중한 심판이 임했고 그녀도 베드로의 발 앞에 쓰러져 죽었다. 남편인 아나니아를 장사하러 갔던 젊은이들이 그녀의 시체도 가져다 장사 지냈다. 누가는 그 다음 절에서 그들이 그녀를 메어다가 그 남편 곁에 묻었다고 했다. 이로 인해 경건한 두려움이 온 교회와 지역 사회에 임했다.

역사상 최초의 교회인 예루살렘 교회에서 하나님 앞에 거짓말을 한 멤버에 대한 무서운 징계가 이루어졌다. 세상은 그런 일을 그냥 웃어넘길 수 있겠지만 이 공동체는 죄를 아무것도 아닌 것처럼 여기지 않았다. 그로 인해 거룩한 경외감이 사람들 사이에 있게 되었다. 이것이 본문의 이야기이다. 이 이야기는 우리에게 크리스천 리더의 경쟁력이라고 할 수 있는 거룩에 대한 몇 가지 중요한 레슨을 해 준다.

거룩은 죄로부터 구별되는 것

현대 그리스도인들이 사도행전 5장에 기록된 아나니아와 삽비라의 이야기를 읽으면 마음이 좀 불편해진다. 너무 심하다는 생각이 든다. 비록 땅값 일부를 바치면서 다 드렸다는 거짓말을 하긴 했지만 그래도 이렇게까지 해야 했나 싶다. 어떤 사람들은 자기 땅을 팔아 교회에 바칠 생각을 했다는 그 자체로 상을 줘야지 심판을 하면 되냐면서 되레 이 부부의 편을 들기까지 한다. 사실 나도 이 부부에 대한 징계의 이야기가 편하지 않다.

그런데 한번 질문해 보자. 우리는 왜 불편할 걸까? 그것은 우리도 모르는 사이 죄에 대한 우리의 기준이 너무 낮아져 있기 때문이 아닐까? 그런 것 같다. 우리는 죄를 너무 가볍게 생각한다. '그럴 수도 있지!'가 우리의 모토가 되어 버렸다.

'그럴 수도 있는' 그 죄 때문에 하나님의 아들이 십자가에 못 박혀 죽으셔야 했다는 사실은 잊어버린 채 우리는 죄를 그냥 용납해 버린다. 그러는 사이, 그 죄는 트로이 목마처럼 교묘하게 우리 삶과 교회에 침투해서 삶을 망가뜨리고 그리스도인으로서 간증을 해칠 뿐 아니라 교회를 세상의 조롱거리가 되게 만든다. 하나님의 마음을 찢어 놓는 것은 말할 것도 없다.

이 부부가 한 일은 사실 별것 아닌 죄가 아니다. 그들은 하나님께 드리는 헌금에 대해 거짓말을 했다. 베드로가 지적한 것처럼 사람이 아닌 하나님께 거짓말을 한 것이다. 물론 모든 거짓말은 다 나쁜 것이지만 이 경우는 그 직접적인 대상이 하나님이라는 점에서 특별하다. 뿐만 아니라 그들은 이 죄를 계획하고 공모하는 과정에서 계속적으로 그들의 마음속에서 역사하시는 성령님을 무시하고 거슬렀다. 삽비라의 경우는 회개의 기회까지 부여받았지만 그 조차도 날려 버렸다.

하나님은 처음 출범하는 이 공동체가 죄에 대해 가벼운 태도를 지니길 원치 않으셨다. 예수 그리스도의 교회라는 가장 거룩한 이름을 지닌 공동체가 아닌가? 만약 처음부터 죄에 대해 느슨해진다면 교회는 곧 만신창이가 되고 세상에 대한 영향력을 잃어버릴 것이다.

그래서 그분은 모든 사람이 죄에 대해 경각심을 가지도록 하기 위해 이 부부의 죄를 공개적으로 엄하게 심판하셨다. 그들이 죄로부터 구별된, 그야말로 거룩한 공동체가 될 수 있도록 자극제를 주신 것이다. 뿐만 아니라 의심의 눈초리로 이 새 운동을 지켜보는 세상에 교회는 조금의 죄도 용인하지 않는 거룩한 공동체임을 웅변적으로 선포한 것이다.

오늘날 한국 교회가 세상에서 무시를 당하고 능력을 잃어 가는 이유 가운데 하나는 바로 교회에 스며들어 온 죄를 제대로 처리하지 못한다는 것이다. 교회가 표절이나 상습적 성 윤리 문제나 공금 횡령 등의 문제에서 세상의 기준조차도 따라가지 못하고 있다.

심각한 죄를 범한 성도에 대한 징계가 교회에서 시행되었다는 이야기를 못 들은 지 이미 한참 되었다. 사람들은 농담조로 강남 어느 교회에서 징계를 받으면 분당 다른 교회로 가면 그만이라고 말한다.

미국의 척 스윈돌(Chuck Swindoll) 목사님이 시무하던 교회에서 죄를 범한 성도에게 징계하는 예식을 녹음 파일로 들은 적이 있다. 그 성도는 교회 장로로서 아동 성추행 문제가 드러나 징계를 받았다. 스윈돌 목사님은 죄를 미워하고 죄인을 사랑하라는 성경의 원리에 따라 죄에 대해서는 단호하면서도 죄를 범한 성도에 대해서는 긍휼의 태도로 그 절차를 진행했다. 시종일관 위엄과 자비가 공존하는 것을 느낄 수 있었다.

스윈돌 목사님은 그 교회의 목자로서 죄에 대한 아픔과 성도에 대한 연민으로 끝내 눈물을 흘리며 그 고통스런 절차를 마무리했다. 나는 그 상황을 들으면서 아픔과 함께 깊은 감동을 받았다. '거룩한 공동체가 이런 것이구나!'라는 생각이 들었다. 만약 예수님을 믿지 않는 사람들이 그것을 보거나 들었다 하더라도 뭔가 울림이 있었을 것이다.

거룩이란 죄에서의 분리를 의미한다. 거룩하신 하나님을 보라. 그분은 거룩하셔서 죄악을 떠나 계시는 분이다. 우리도 그래야 한다. 그런 측면에서 베드로는 이렇게 권면한다.

> [14]순종하는 자녀로서 여러분은 전에 모르고 좇았던 욕망을 따라 살지 말
> 고, [15]여러분을 불러주신 그 거룩하신 분을 따라 모든 행실을 거룩하게 하
> 십시오. [16]성경에 기록하기를 "내가 거룩하니 너희도 거룩하여라"하였습
> 니다. (벧전 1:14-16)

물론 우리는 하나님처럼 도덕적으로 완전하지 않다. 그 누구도 마
찬가지다. 그러나 우리는 완전을 향해 노력해야 한다. 척 스윈돌 목사
님의 말처럼 100퍼센트 행하지는 못하더라도 100퍼센트 원하기는 해
야 한다.

그리고 실패했을 경우엔 죄를 회개함으로 돌이키는 가운데 아픔
이 있더라도 그 죄를 내 삶에서 단호히 쳐 내려는 노력을 해야 한다.
교회는 죄를 무겁게 다루어야 하고 리더는 자신의 죄부터 그렇게 해
야 한다. 그럴 때 우리는 영향력과 리더십을 회복할 수 있다.

거룩은 세상과 다른 것, 예수님을 닮는 것

거룩은 죄로부터의 구별이라는 기본적 의미를 갖고 있다. 그러나
그게 다가 아니다. 사실 우리는 거룩이라는 단어를 자주 쓰지만 그게
어떤 의미인지를 잘 알지 못한다. 교회 다니는 사람들에게 거룩을 한

두 문장 정도로 정의하라고 해 보라. 그렇게 잘할 수 있는 사람들이 별로 없을 것이다.

더 나쁜 것은 거룩에 대해 많은 사람이 부정적인 이미지를 가지고 있다는 것이다. 보통 거룩이라는 단어를 보면 어떤 그림이 떠오르는지 생각해 보라. 도덕군자인 양 종교적으로 폼을 잡고 있는 사람의 모습이 떠오르지 않는가? 목에 힘을 잔뜩 주고 '나는 너보다 더 거룩해!'라며 남을 깔보고 판단하는 사람이 자연스레 떠오른다. 때로 우리는 '그래, 너 참 거룩하다!'라며 잘난 체하는 어떤 사람을 비아냥거리기도 한다.

그러나 거룩의 본질은 세상과 다른 것에 있다. 거룩이라는 단어의 히브리어 콰도시(קָדוֹשׁ)는 '구별되다, 분리되다, 따로 떼어지다'라는 의미를 지니고 있다. 그런가 하면 그것의 그리스어 용어인 하기오스(ἅγιος)는 '다르다'는 의미를 지닌다.

따라서 하나님이 거룩하시다는 의미는 그분이 단순히 죄를 짓지 않는다는 뜻이 아니라 그것을 넘어 '다른 모든 피조물로부터 구별된 존재이시다' 또는 '인간과는 다른 분이시다'는 의미가 있다. 그러므로 우리가 거룩하다고 하는 것은 세상과 다르게 사는 것이며 더 적극적으로는 삶과 존재에서 예수님을 더 닮는 것을 의미한다.

앞에서 본 예루살렘 교회 공동체를 보라. 그들은 세상과 달랐다. 너무 달라서 충격적일 정도였다. 그들은 누가 강압하거나 시키지 않았는데도 공동체 내의 가난한 사람들을 위해 자기 재산을 내어놓았다. 우리가 가장 귀하게 생각하는 것이 돈이고 재산인데 이 사람들은 그걸 아무 조건 없이 교회에 드렸다. 다른 사람들의 필요를 위해 자신을 희생한 것이다.

이는 돈을 사랑하며 자기만 생각하는 세상과 다를 뿐 아니라 우리를 위해 십자가에서 자신의 몸을 내어놓으신 예수님을 닮은 것이다.

아나니아와 삽비라의 사건도 이 공동체의 거룩성을 강조한다. 보통 이 세상은 거짓말 따위는 별로 심각하게 여기지 않는다. 연예인들이나 정치인들이 거짓말을 했다가 발각이 되어도 '그냥 그러려니' 하고 넘어가기 일쑤다. 정치인들의 공약(公約)은 그냥 공약(空約)이라고 받아들인다.

미국의 팝 가수 빌리 조엘(Billy Joel)이 〈어네스티(Honesty)〉라는 곡에서 노래한 것처럼 이 세상에서 '정직이란 참 외로운 단어'이다. 한마디로 거짓말이 판을 친다. 그리고 우리는 점점 거짓말에 무디어진다. 만약 오늘날의 세상에서 적어도 재산의 반 이상을 내어놓은 사람이 조금 과장해서 다 드렸다고 말한다면 그런 것쯤은 애교로 받아들이지 않을까?

그러나 새로 출범한 이 예루살렘 교회 공동체는 아나니아와 삽비라 부부에 대한 충격적인 징계를 통해 거짓을 조금도 용인하지 않겠다는 메시지를 행동으로 보여주었다. 거짓을 친구삼아 사는 세상과는 달리 진실만을 말씀하신 예수님을 닮은 개인과 공동체가 되겠다는 신호를 보낸 것이다.

따라서 거룩한 개인과 공동체가 되어 영향력을 끼치기 원한다면 우리는 단순히 죄를 안 지으려고 노력하는 데서 그쳐선 안 된다. 오히려 이 세상을 본받지 말고 예수님을 본받으려 노력해야 한다. 거룩한 사람은 일반인들이 흔히 생각하듯이 긴 망토 또는 어두운 색의 한물 간 옷을 걸치고 종교적인 용어를 되뇌는 사람이 아니다. 세상 물정이나 현대 문화를 잘 모른 채 두꺼운 성경책을 끼고 교회에만 주구장창 나가는 사람도 아니다.

거룩한 사람은 세상의 가치관이나 철학, 삶의 방식과는 다르게 사는 사람이다. 이를테면 자기 아들을 죽인 공산주의자를 용서하고 양 아들로 받아들인 주기철 목사님 같은 분이 바로 거룩한 사람이다. 자신은 전셋집에 살면서 막대한 금액을 들여 수많은 제3세계의 가난한 아이를 양육하는 션과 정혜영 부부 같은 이들이 참으로 거룩한 사람들이다.

세상이 아닌 예수님을 닮도록 노력하자. 혹시 티셔츠 등에서 'WWJD'라는 글자를 보았는가? 그 글자는 "What Would Jesus Do?"의 머리글자인데 "예수님이라면 어떻게 하실까?"라는 뜻이다.

이는 찰스 쉘던(Charles M. Sheldon)의 소설 『In His Step』의 한국어판 제목이기도 한데 이 소설에서 주인공 헨리 맥스웰 목사는 회중에게 "예수님이라면 어떻게 하실까?"를 먼저 묻지 않고는 어떤 일도 하지 말라고 도전한다. 세상과 다른 모습의 삶으로 세상에 선한 영향을 미치기 원하는 모든 크리스천 리더도 삶 가운데 이 질문을 계속 던질 필요가 있다.

거룩이 능력이다

본문 이야기는 참된 의미의 거룩이 얼마나 큰 영향력을 가지는지 잘 보여준다. 예루살렘 교인들이 세상과 달리 물질보다 다른 사람의 필요를 앞세웠을 때 누가가 사도행전 4장 33절에서 증언한 것처럼 "사람들은 모두 큰 은혜를 받았다."

위선을 떨고 거짓말을 한 아나니아와 삽비라에 대한 징계를 통해서도 교회뿐 아니라 사건을 듣는 다른 사람들까지도 하나님에 대한 경외감을 갖게 되었음을 본다. "온 교회와 이 사건을 듣는 사람들은 모두 크게 두려워하였다."(행 5:11) 그리고 그 뒤의 이야기들을 보면 교회는 더욱 능력 있게 성장해 나간다.

한국 그리스도인들과 교회가 왜 세상에 선한 영향을 미치지 못하는가? 우리가 거룩을 잃어버렸기 때문이다. 안타깝게도 우리는 죄로부터 구별된 삶을 잘 살지 못한다. 세상과 다르기보다 오히려 세상과 너무 닮았다. 예수님을 닮아야 할 교회가 오히려 타락한 세상을 닮은 것이다.

오늘날 교회의 세속화라는 말이 세상 사람들의 입에 회자되고 있다. 그 말은 교회가 세상을 닮아 간다는 뜻이다. 그러니 어떻게 영향을 미치겠는가? 달라야 영향을 미치지 닮으면 아무 영향도 못 미친다. 1960년대 비틀즈(The Beatles)라는 그룹이 젊은이들에게 얼마나 큰 영향을 미쳤는지 잘 알 것이다. 왜 그랬을까?

그들은 달랐기 때문이다. 헤어나 패션 스타일, 음악 등 모든 것이

다른 가수나 그룹들과는 달랐다. 그들과 그 팬들의 관점에서 보면 더 좋게, 더 멋있게 달랐던 것이다. 그래서 젊은이들이 그들을 따라했고 그들에게 열광했다.

기억하자. 그저 종교적인 것만으로 우리는 결코 세상에 영향을 끼칠 수 없다. 앞에서 언급한 그 택시 기사처럼 그냥 기독교 방송만 틀어 놓는다고 세상이 복음에 마음을 열거나 교회에 감동받지 않는다. 오히려 가식적이라며 욕하고 비난할 것이다.

우리의 삶이 달라야 한다. 도덕적 성별(聖別)을 추구할 뿐 아니라 예수님을 닮는 적극적 거룩을 드러내야 한다. 우리의 말과 태도, 가치관과 도덕성 및 행동에서 더 매력적으로 다를 때, 우리에게서 예수님의 모습이 드러날 때 사람들은 우리의 말에 귀를 기울일 것이며 우리를 진지하게 받아들일 것이다. 어쩌면 살짝 감동을 받을지도 모른다.

예전에 가족들과 영화 〈히말라야〉를 보았다. 우리나라의 대표적 산악인 엄홍길의 실제 이야기에 근거한 휴먼 드라마이다. 가장 감동적인 장면은 낙오한 동료를 구하기 위해 아무도 가려하지 않을 때 죽음을 무릅쓰고 나선 한 산악인(박정복)의 모습이다. 그 사람이야말로 진짜 영웅이라고 많은 사람이 말했다. 왜일까? 달랐기 때문이다.

스스로에게 질문해 보라. 나는 세상과 좀 다른 면이 있는가? 세상보다 예수님을 더 닮았는가? 정말 거룩한가? 예수 믿는 사람으로서, 리더로서 가정과 학교, 직장과 교회에서 선한 영향을 미치기 원한다면 죄에서 떠나는 도덕적 순결과 함께 세상과 다른, 예수님을 닮은 참거룩을 추구해야 한다.

게리 토마스(Gary Thomas)의 훌륭한 책 『Beautiful Fight』의 한국어 제목처럼 '거룩이 능력'이다. 아니 거룩이 영향력이며 경쟁력이다. 아나니아와 삽비라 부부처럼 단순히 종교적인 모양만 내려고 하지 말고 하나님의 시선을 의식하며 동기까지 점검해 속에서부터 거룩한 존재가 될 때 영향력 있는 크리스천 리더와 교회가 될 수 있음을 믿는다.

한 딸아이의 편지

앞서 언급한 게리 토마스의 저서 『거룩이 능력이다』에는 저자에게 보낸 딸의 편지가 나온다. 이 편지는 참된 거룩이 얼마나 아름다우며 또 선한 영향력을 미치는지를 잘 보여준다.

사랑하는 아빠께,

싫어하지 않고 자주 제 영어 리포트를 점검해 주시고 제게 아주 좋은 본이 돼 주신 아빠께 감사하고 싶어요. 저는 아빠가 저희들이나 엄마한테 신경질 부리는 것을 본 적이 없어요. 아빠는 생전 화내는 법이 없지요! 아빠가 나쁜 말을 하는 것도 들어 본 적이 없어요. 이런 것들이 제게 큰 영향을 주었어요. 또 저는 아빠가 잘 웃어서 참 좋아요. 저까지 덩달아 명랑해져요. 아빠는 아주 낙관론자예요. 아빠한테 화낸 적이 참 많아서 죄송해요. 아빠의 태도와 아빠가 상황에 반응하는 모습은 제게 많은 것을 가르쳐 주었어요. 올해 저는 아빠의 도움으로 하나님과 훨씬 더 가까워

졌답니다. 아빠는 제가 상상할 수 있는 최고의 아빠예요. 많이많이 사랑
해요.

아빠의 사랑하는 딸, 켈시 토마스 드림.

이 편지를 보면서 마음이 많이 아파 눈물이 나왔다. 내가 이런 아
빠가 되지 못해서 우리 아이들에게 정말 미안했다. 하나님께 회개했
고 지금부터라도 더 나은 더 거룩한 아빠가 되어야겠다고 결심했다.

이 편지에 나온 모습이 진짜 거룩의 모습이다. 세상과 다른, 예수
님을 닮은 모습이다. 게리 토마스가 이 편지를 인용하면서 자기 아이
가 기억편향을 보이고 있다며 사실 자신은 이런 사람이 아니라고 겸
손히 말했다. 하지만 어쨌든 아이는 아빠에게서 몇몇 훌륭한 모습을
보았고 그것 때문에 하나님과 더 가까워졌다고, 다시 말해 선한 영향
을 받았다고 말하고 있다.

우리도 그런 아빠, 엄마, 그런 자녀, 그런 회사원, 학생, 주부, 그런
그리스도인과 목회자, 그런 교회가 되자. 예수님 닮은 거룩한 사람들
이 되자. 영적 리더에게 그것은 진짜 경쟁력이다. 거룩이라는 경쟁력
을 가지고 있을 때 우리는 사람들이 따르고 싶은 리더가 되며 그들과
또 믿지 않는 세상에까지 정말 선한 영향을 미칠 수 있을 것이다.

1. 거룩이라는 말을 들으면 무엇이 가장 먼저 떠오릅니까?

2. 아나니아와 삽비라의 이야기는 대부분의 현대인에게 상당한 충격으로 다가옵니다. 사람들은 하나님의 이런 모습을 받아들이기 어려워합니다. 그러나 이 사건을 통해 하나님이 참으로 의도하셨던 바는 무엇입니까? 당신은 개인적으로 그 하나님의 의도를 충분히 이해하고 받아들이며 삶 가운데서 그것을 구현하고 있습니까? 어떻게 그렇게 하고 있나요? 만약 그렇지 않다면 그 이유는 무엇이라고 생각합니까?

3. 저자는 본문의 이야기를 근거로 거룩을 죄로부터 구별되는 것, 세상과 다른 것, 예수님을 닮는 것으로 규정합니다. 이 가운데서 당신에게 가장 다가오는 것은 무엇입니까? 그 이유는 무엇입니까?

4. 거룩과 리더십의 관계를 설명해 보십시오. 저자는 거룩이 능력이라고 했는데 본인이나 다른 사람들의 삶과 사역 가운데 거룩의 영향력을 경험한 적이 있다면 나누어 봅시다.

05

Leadership in the Acts of the Apostles

복음 전도, 리더의 미션

사도행전 5:12-42

요즘 예능 프로그램을 보면 미션이라는 말을 많이 사용한다. 이를 테면 '내일 아침 미션은 무슨 곡이 울릴 때 일어나 어디까지 가서 무엇을 찾아오는 것'이라는 식의 진행이 많아진 것이다. 덕분에 일반인에게도 이제 미션이라는 말이 낯설지 않다.

이 말이 익숙해진 것은 좋은데 문제는 미션을 무슨 놀이처럼 생각한다는 것이다. 그러나 미션은 그렇게 가벼운 것이 아니다. 미션은 사전에 의하면 '강한 신념이 따르는 중요한 목표', '배당되거나 스스로 부과한 어떤 중요한 과업이나 의무'로 정의되어 있다.

그리스도인으로서 또 교회로서 우리의 미션은 무엇일까? 우리가 해야 할 일들은 많다. 좋은 일들을 말하는 것이다. 어떤 그리스도인이나 교회는 어려운 사람들을 도와주고, 또 다른 그리스도인이나 교회는 사회 정의를 위한 노력을 아끼지 않는다. 어떤 그리스도인이나 교회는 문화적인 행사를 많이 열거나 문화 예술 분야의 개혁에 신경을 많이 쓴다. 다 좋다. 그러나 우리 그리스도인의 가장 본질적이고 중요한 미션은 바로 복음을 전해서 사람을 영적으로 살리는 것이다.

다들 기억하겠지만 팬데믹 상황 가운데 사람들에게 가장 큰 박수를 받은 그룹은 바로 의료진들이었다. 특별히 지난여름 폭염 가운데서 찜통 방호복을 입고 바이러스와 사투를 벌이는 그들의 모습은 많은 사람을 감동시키기에 충분했다.

사람들은 그들을 영웅이라고 불렀다. 그들의 노고는 칭찬받아 마땅하나 그럼에도 불구하고 그것은 그저 사람의 육체적 건강을 돌보는 데 불과하다. 육체적 건강이 중요하지 않다는 것이 아니라 그것이 다는 아니라는 뜻이다.

　인간은 육체만이 아니라 영혼을 가진 존재이다. 육체는 길어도 100년 정도가 되면 스러지지만 영혼은 영원히 존재한다. 생각해 보라. 누군가의 육체적 건강을 돌보는 것이 그렇게 많은 사람에게 감동을 준다면 누군가의 영혼을 구하고 그 사람을 영원히 살리기 위한 노력은 얼마나 아름다운 것일까?

　만약 우리가 한 해를 살면서 한 사람의 영혼을 구할 수 있다면, 그 사람의 영원한 운명을 바꾸는 데 기여할 수 있다면 그보다 더 좋은 한 해를 생각할 수 있을까? 그보다 더 영향력 있는 삶이 어디 있겠나?

　이 장의 주제는 복음 전도이다. 그것은 모든 그리스도인과 교회에 부과된 주된 미션이다. 특별히 바울은 당시 에베소 교회의 지도자인 디모데에게 보낸 자신의 두 번째 서신에서 복음의 말씀을 전하는 전도자의 일을 하되 '때를 얻든지 못 얻든지' 또는 '기회가 좋든지 나쁘든지' 꾸준히 힘쓰라고 권면했다.

　따라서 리더는 복음 전도를 자신의 핵심 미션으로 알고 수행해야 한다. 복음이 무엇인가? 그것은 굿 뉴스이다. 그것은 사람을 살리는 생명의 말씀이다. 영향력 넘치는 말씀이다. 사도행전 5장 12절에서 42절은 초대 교회의 제자들이 이 생명의 메시지를 전하는 모습을 우리에게 보여준다. 그들의 복음 전도에서 우리가 마음에 새겨야 할 것은 무엇일까?

성령의 능력을 신뢰하며

사도행전 5장 12절에서 15절을 보면 활발한 전도가 이루어지고 있다. 14절 말씀이 그 핵심이다. "믿는 사람들이 더욱 늘어나면서, 주님께로 나아오니, 남녀 신도들이 큰 무리를 이루게 되었다."(행 5:14) 그들이 가만히 있는데 이렇게 되었을까? 아니다. 이들은 날마다 전도했다. "그들은 날마다 성전에서, 그리고 이집 저집에서 쉬지 않고 가르치고 예수가 그리스도임을 전하였다."(행 5:42)

그러자 성령께서 능력으로 함께하며 그들의 노력을 축복하셨다. 사도들을 통해 표적과 기사가 일어나게 하셨고 사람들의 병이 치유되었다. "또 예루살렘 근방의 여러 동네에 사는 많은 사람들이 병든 사람들과 악한 귀신에게 시달리는 사람들을 데리고 모여들었는데, 그들은 모두 고침을 받았다."(행 5:16)

우리가 정말 복음을 전하는 그리스도인과 교회가 되기로 결단하면서 기도하고 전도할 때 하나님은 성령의 능력으로 우리와 함께 하실 것이다. 예수님은 우리가 복음을 전하고 사람들을 제자 삼을 때 하늘과 땅의 권세로 우리와 함께 하겠다고 약속하셨다. 그분은 또한 성령이 임하시면 우리가 능력을 받아 예수님의 증인이 될 수 있을 것이라고도 말씀하셨다.

성령은 언제나 우리와 함께 하시지만 복음 전도의 경우에 특별한 능력으로 우리와 함께 하신다. 복음을 전할 때 생각지도 못한 일이 일어날 수 있다. 도저히 안 믿을 것 같은 사람이 믿게 될 수도 있다는 말이다.

김성곤 목사의 『풍성한 교회 이야기』라는 책에서 읽은 이야기이다. 그 교회의 한 간호사가 자기 직장인 병원에서 전도를 하기 위해 다른 믿는 간호사 두어 명과 열린 모임을 시작했다. 처음에는 모여서 기도만 했다. 그러다가 아버지의 간호를 위해 병동에 머무는 한 청년을 그 모임에 초청했다. 그 청년은 우리가 전도할 때 다가가고 싶은 그런 타입이 아니었다. 거칠고 욕도 하며 병실 복도에서 마음에 안 들면 마구 소리 지르는 막돼먹은 친구였다.

이 간호사는 두 번이나 거절당했다. 그러나 삼세 번 도전해서 마침내 허락을 받았고 이 청년은 그 열린 모임에 참석하기 시작했다. 그리고 놀랍게도 이 청년이 변했다. 팔찌도 벗고 말투도 부드러워지고 나중에는 다른 사람을 모임에 오라고 전도까지 했다. 성령께서 역사하신 것이다.

우리 교회의 한 젊은 부부는 점집에서 만나 결혼을 했을 정도로 원래 예수님을 전혀 안 믿던 사람들이었다. 남편이 직장 스트레스로 우울증에 걸려 다섯 번만 와 보겠다며 교회에 출석을 했다. 처음 보았을 때 표정이 그렇게 안 좋을 수가 없었다.

연말연시 사역으로 많이 바빴지만 나는 주중에 시간을 내어 이 형제를 개인적으로 만났다. 만날 때마다 복음에 대한 이야기를 하면서 집에서 읽어 보라고 관련된 책을 줘서 보내곤 했다. 그런데 그 책을 그의 아내가 집에서 읽고 먼저 예수님을 믿게 되었다. 하나님께서 책을 통해 회심의 역사를 일으키신 것이다. 다섯 번만 와 보겠다던 이 부부는 계속해서 교회에 왔고 좀 시간이 걸렸지만 결국은 남편도 예수님을 믿고 하나님의 자녀가 되었다.

지금은 유치부 교사로, 또 찬양팀 멤버로 부부가 주님을 잘 섬기고 있다. 의심과 불신으로 가득 차 있었고 귀신을 예배하기도 하는 등 안티 기독교인이었던 사람들이 이제는 하나님을 섬기는 사람들로 변화되었다. 성령의 역사가 아니면 어떻게 이런 일이 있겠는가? 그렇다. 우리가 복음을 전하면 우리만 일하는 것이 아니다. 성령님께서 능력으로 역사하신다. 그러므로 우리는 성령의 능력을 의지하는 가운데 복음을 전해야 한다.

반대 가운데서도 굳게 서기

성령의 역사는 악한 영의 반격을 불러왔다. 제자들에게 또 박해가 온 것이다. 동기는 종교인들의 시기 때문이었다. 사도들은 체포당했고 옥에 갇혔다. 그러나 천사가 그들을 옥에서 끌어내어 흔들리지 말라는 메시지를 주었다.

[17]대제사장과 그의 지지자들인 사두개파 사람들이 모두 시기심이 가득 차서 들고 일어나, [18]사도들을 잡아다가 옥에 가두었다. [19]그런데 밤에 주님의 천사가 감옥 문을 열고, 그들을 데리고 나와서 말하기를, [20]"가서, 성전에 서서, 이 생명의 말씀을 남김없이 백성에게 전하여라!" 하였다. (행

5:17-20)

그래서 그들은 새벽부터 성전에 들어가 또 복음을 전하였다. 누가는 사도들의 이 구출이 초자연적인 것임을 분명히 설명한다. 관속들도 몰랐고 아무도 몰랐다.

[21] 이 말을 듣고, 그들은 새벽에 성전에 들어가서 가르치고 있었다. 그 때에 대제사장이 그와 함께 하는 사람들과 더불어 와서, 공의회와 이스라엘의 원로회를 소집하고, 감옥으로 사람을 보내어, 사도들을 데려오게 하였다. [22] 경비원들이 감옥에 가서 보니, 사도들이 감옥에 없었다. 그리하여 그들은 돌아와서, 이렇게 보고하였다. [23] "감옥 문은 아주 단단히 잠겨 있고, 문마다 간수가 서 있었는데, 문을 열어 보았더니, 안에는 아무도 없었습니다." [24] 성전 경비대장과 대제사장들이 이 말을 듣고서, 대체 이 일이 앞으로 어떻게 될까 하고, 사도들의 일로 당황하였다. (행 5:21-24)

그 모습을 본 누군가가 유대인의 지도자들에게 가서 이 사실을 알려 주었다. "당신들이 옥에 가두었던 그 갈릴리 사람들이 성전에 서서 백성들을 가르치고 있는데 그걸 아시나요?" 그들은 깜짝 놀라 경비대장에게 그들을 붙잡아 올 것을 명했다.

경비대장은 경비대원들을 데리고 가서 그들을 체포했지만 폭력을 쓰지는 않았다. 백성들의 극렬한 저항을 두려워했음이 틀림없다. 26절은 백성들이 돌로 칠까 봐 두려워할 정도였다고 말한다. 그것은 이

신생 종교인 기독교의 대중적인 인기를 말해 준다. 사람들은 생명 없는 종교와 생명의 복음을 전하는 것과의 차이를 알았다.

복음을 전할 때 저항은 반드시 있다. 어려움도 있고 거부하는 세력들도 있다. 내가 아는 한 목사님은 따귀를 맞기도 했다. 몇 년 전 길거리 전도를 한 적이 있는데 한 여성이 전도지를 주려고 하는 나를 얼마나 무섭게 째려보던지 겁이 날 정도였다.

사실 이런 건 아무것도 아니다. 세상의 어떤 지역에서는 전도자들을 구금하고 고문하며 심지어 죽이기도 한다. 그러나 반대와 박해가 마지막 말이 아님을 우리는 기억해야 한다. 두려움이 있겠지만 위축되어서는 안 된다. 두 발에 힘을 주고 굳게 서야 한다.

하나님은 자기 백성을 돌보신다. 그분이 주권자이시다. 팬데믹 가운데 신천지와 방역 지침을 무시한 일부 교회들의 일탈, 그리고 언론의 자극적인 보도로 기독교에 대한 세상의 인식이 매우 나빠진 것이 사실이다. 전도하기가 더욱 힘들어졌고 반대는 노골적이 되고 있다. 그럼에도 불구하고 움츠러들지 말아야 한다. 교회는 더 적대적인 환경 가운데서도 복음을 전해 왔고 살아남았다. 아니 그냥 살아남은 정도가 아니라 번성했다.

리더들은 자기 백성을 돌보시는 하나님 아버지를 굳게 신뢰하면서 자기들부터 먼저 용기를 내어야 한다. 그리고 사람들의 용기를 북돋아 주어야 한다. 영화 〈글래디에이터〉를 보면 로마의 장군이었다가 황태자의 시기로 노예 검투사가 된 막시무스가 원형 경기장에서 곧 진행될 무지막지한 전투를 앞두고 두려워하는 동료들에게 용기를 북

돌아 주는 인상적인 장면이 나온다. 그는 "죽음이 너에게 미소를 짓는다면 너도 미소로 응답해 주어라!"는 멋진 말로 그들의 두려움을 덜어주려고 했다.

우리도 그래야 한다. 지금도 하나님은 살아 계시고 복음을 필요로하는 영혼들은 여전히 있다. 주님은 우리에게 흔들리지 말고 생명의말씀을 전하라고 하신다. 때를 얻든지 못 얻든지 전파하라고 하신다.우리가 그 말씀에 순종하여 복음 전도의 미션에 헌신할 때 그분은 우리와 함께 하시며 우리를 돌보신다.

하나님께만 순종하기로

사도들은 공회, 즉 산헤드린에 끌려갔다. 자기들의 명을 어기고 복음을 전한 데 대한 위협적인 심문이 있었다. 그러나 사도들은 위축되지 않았다. 사도행전 5장 29절에는 베드로와 사도들이 그들의 위협에대해 응답한 유명한 말이 기록되어 있다. "사람에게 복종하는 것보다,하나님께 복종하는 것이 마땅합니다!" 아무리 협박을 해도 제자들은하나님께 순종하겠다는 결단을 내보였다.

이어서 그들은 스승인 예수를 죽인 자들, 그리고 이제 자기들을 죽일 수도 있는 자들에게 담대히 예수의 주 되심과 죄 사함의 복음을 전했다.

³⁰우리 조상들의 하나님은 여러분이 나무에 달아 죽인 예수를 살리셨습니다. ³¹하나님께서는 이분을 높이시어 자기 오른쪽에 앉히시고, 영도자와 구주로 삼으셔서, 이스라엘이 회개를 하고 죄 사함을 받게 하셨습니다. ³²우리는 이 모든 일의 증인이며, 하나님께서 자기에게 복종하는 사람들에게 주신 성령도 그러하십니다. (행 5:30-32)

사도들의 용기는 무척 인상적이다. 그 때문에 격분한 대제사장들에 의해 처형당할 위기에 처했으나 도움은 전혀 뜻밖의 곳에서 왔다. 하나님은 이스라엘 백성에게 존경받는 랍비요 교법사인 가말리엘이 이성을 사용하도록 인도하셨다.

가말리엘은 권력층들에게 이제 그만 제자들에게서 손을 떼고 그들을 내버려 두라고 권면했다. 그는 만약 제자들의 활동이 사람에게 난 것이면 그냥 놔둬도 저절로 사라질 것이요, 그렇지 않고 하나님에게서 난 것이면 말릴 수 없을 것이라고 주장했다.

³⁸그래서 지금 내가 여러분에게 말씀드리는 바는 이것이오. 이 사람들에게서 손을 떼고, 이들을 그대로 내버려 두시오. 이 사람들의 이 계획이나 활동이 사람에게서 난 것이면 망할 것이요, ³⁹하나님에게서 난 것이면 여러분은 그것을 없애 버릴 수 없소. 도리어 여러분이 하나님을 대적하는 자가 될까봐 두렵소. (행 5:38-39)

사람들은 그의 말이 합리적이라고 생각해서 그 말을 받아들였다.

보라. 잠언의 말씀처럼 하나님은 왕의 마음도 움직이신다. 전도의 요체는 무엇보다도 순종이다. 누군가가 전도는 어명이라고 했는데 온 우주의 주권자이신 하나님의 명령에 대한 순종으로 우리는 전도한다.

다시 말해 우리는 주님께서 복음을 전하라고 하셨기 때문에 그 말씀에 순종하는 것이다. 전도의 노력이 성공할지 안 할지 우리는 모른다. 결과는 우리에게 달린 일이 아니다. 그것은 하나님께 맡겨야 한다. 어느 목사님이 말한 것처럼 전도는 '되고 안 되고의 문제'가 아니라 '하고 안 하고의 문제'이다.

우리는 그저 하나님께서 하라고 명령하셨기 때문에 그 말씀에 순종해서 전도하는 것이다. 개인적인 차원에서도 그래야 하고 교회적으로도 그래야 한다. 우리는 기존 신자들이 편함을 느끼고 좋아하는 교회가 아니라 비신자들에게 민감한 그리스도인과 교회가 되어야 한다. 우리의 안전지대를 벗어나야 한다.

어느 대형 교회 담임목사님이 주일에 청바지와 까만 가죽 재킷을 걸치고 파마한 머리에다 빨간 물을 들인 모습으로 강단에 섰다. 그날 설교 제목은 '그렇게까지 해야 하는 이유'였다. 그날은 다음 세대를 위한 주일이었고 그 목사님은 교회에 다음 세대를 보듬자는 신호를 주기 위해 그런 파격적인 복장으로 강단에 선 것이었다. 나는 비그리스도인이 주님께 가까이 나가는 데 도움이 된다면 그보다 더한 모습으로 강단에 설 수도 있다.

우리 교회의 어떤 목장은 전도 대상자를 목장에 초청해서 함께 하곤 했는데 그분들 때문에 기존 목원들의 교제와 양육이 좀 희생되어서 해당 목자가 고민하는 모습을 본 적이 있다. 목장 모임도 비신자들을 초청하지 않고 목원들끼리 모이면 가장 편하고 좋을 것이다. 그러나 불편하더라도 우리는 비신자들에게 다가가야 한다. 생명의 메시지를 전하라는 주님의 명령에 순종해야 하기 때문이다.

주실 기쁨을 기대하며

가말리엘의 말에 사람들은 설득을 당했다. 그래서 그들은 사도들을 채찍질한 후 금지령과 함께 놓아주었다. 이것을 30센티미터 자로 손바닥 때리는 것쯤으로 여기지 말라. 사도들은 살갗이 찢어지고 등에는 피가 흘렀을 것이다. 그러나 그 마음에는 주님이 주신 기쁨으로 가득했다.

> [40]그리하여 그들은 사도들을 불러다가 때린 뒤에, 예수의 이름으로 말하지 말라고 명령하고서 놓아 주었다. [41]사도들은 예수의 이름 때문에 모욕을 당할 수 있는 자격을 얻게 된 것을 기뻐하면서, 공의회에서 물러나왔다. (행 5:40-41)

이런 기쁨이 있었기 때문에 공회의 협박은 이들을 중단시키지 못했다. 그들은 날마다 복음을 전했다. 복음을 전하는 삶에는 하나님께서 주시는 기쁨이 있다. 하나님의 뜻을 행한다는 기쁨, 잃어버린 영혼을 바른 길로 이끈다는 기쁨이 있다. 이것은 복음을 전해 본 사람만 느낄 수 있는 기쁨이다.

언젠가 우리 교회의 한 목자에게서 전화가 왔다. 그는 '사랑빛는데 이'라고 일컫는 우리 교회의 전도 축제 때 자기 회사 후배 한 사람을 전도했는데 그날 그 사람과 저녁 식사를 했던 모양이었다. 그런데 그 사람이 아직 예수님을 믿지 않는데도 우리 교회를 너무 좋아하면서 회사의 다른 동료를 초청하겠다고 했다는 것이다. 그래서 너무 기뻐 내게 전화를 한 것이다.

나도 때로 비그리스도인들과 주중에 만나 대화를 하면서 다양한 측면으로 복음을 전하는데 사람들이 조금씩 바뀌는 모습을 보면 너무 기쁘고 좋아서 설교하는 목사 내려놓고 이런 복음 상담만 하면서 살면 좋겠다는 생각을 하기도 한다.

청년 때의 일이 생각난다. 당시 나는 예수님을 믿는 그리스도인 친구 하나와 협력하여 비그리스도인 친구에게 복음을 전했었다. 그가 마침내 예수님을 믿었을 때 복음을 전했던 내 친구는 너무 기뻐서 눈물을 흘리면서 감격해했다.

이 기쁨은 공동체적으로도 마찬가지이다. 복음을 전하는 교회에는 생기가 넘친다. 교회가 복음을 전하지 않으면 고인 물처럼 썩게 된다. 사람들은 내부 문제에 몰입하면서 별것 아닌 문제로 서로 싸우거나 비판한다.

그러나 교회 공동체가 함께 복음 전하는 일에 헌신하면 사명 의식과 더불어 활력과 긍정적인 에너지가 생기게 된다. 교회가 자기만을 챙기는 세상을 닮는 것이 아니라 잃어버린 자를 찾아 이 땅에 오신 주님을 닮아 가게 된다. 모든 사람이 구원받기 원하시는 하나님의 마음을 공유하게 된다. 공동의 목표를 마음에 품게 되고 열정이 전염된다. 그래서 전도하는 교회에는 성령께서 주시는 에너지와 기쁨이 생기게 된다.

우리는 주님 주실 기쁨을 기대하며 개인적으로 또 공동체적으로 복음을 전해야 한다. 하나님께서 내 삶의 주위에 두신 잃어버린 자의 이름을 부르며 그를 전도할 수 있게 해 달라고 기도해야 한다. 그리고 그를 만나 그의 친구가 되어 주어야 한다. 리더일수록 이 사명에 헌신적으로 임하며 본을 보여야 한다.

우리 교회 한 집사님은 암에 걸린 자신의 지인에게 복음을 전하기 위해 정기적으로 그를 만나 시간을 보내고 있다. 또 다른 집사님 부부는 교회에서 1부 예배를 드린 후 부모님 댁에 가서 유튜브로 부모님과 영상 예배를 드리며 복음을 전하려 한다. 어떻게든 복음을 전하자. 그럴 때 우리는 주님의 기쁨을 느낄 것이다. 누군가의 영원에 지극히 선한 영향을 미칠 수 있을 것이다.

예수님 기뻐 노래하시네

〈마션〉이라는 영화가 기억난다. 화성 탐사를 갔다가 사고로 남겨진 한 사람을 구조하러 가는 내용인데 단 한 사람을 위해 본국인 미국은 물론 중국의 과학자, 우주 기술자까지 협력한다. 그의 동료들은 생명을 내걸고 그를 구하러 가고 거의 전 세계인이 그들을 응원한다.

이 영화에서 인상적인 장면이 여럿 있지만 그중 구조에 성공했을 때의 장면이 가장 먼저 떠오른다. 지구에서 이를 지켜보던 사람들은 일제히 환호성을 울리고 기뻐 뛰며 어쩔 줄 몰라 했다. 나는 그 장면을 보며 누군가 잃어버린 자가 주님께로 돌아왔을 때 천국의 기쁨에 대해 생각했다.

우리가 누군가를 주님께로 이끌었을 때 온 천국이 기쁨으로 뒤집어지는 장면을 한번 상상해 보라. 누군가는 이 천국의 기쁨을 찬송으로 이렇게 표현했다.

예수 이름이 온 땅에 온 땅에 퍼져 가네
잃어버린 영혼 예수 이름 그 이름 듣고 돌아오네
예수님 기뻐 노래하시리 잃어버린 영혼 돌아올 때
예수님 기뻐 춤추시리 잃어버린 영혼 돌아올 때
예수 이름이 온 땅에 온 땅에 선포되네
하나님의 나라 열방 중에 열방 중에 임하시네
하나님 기뻐 노래하시리 열방이 주께 돌아올 때
하나님 기뻐 춤추시네 열방이 주께 노래할 때

이 찬송 가사는 그냥 상상으로 만들어진 것이 아니다. 예수님께서 직접 이에 대해 말씀하셨다. 그분은 잃어버린 양을 찾은 목자가 그 양을 찾으면 기뻐하며 어깨에 메고 집으로 돌아와서 벗과 이웃을 불러 모아 파티를 열 것이라고 하시며 이렇게 말씀하셨다. "내가 너희에게 말한다. 이와 같이 하늘에서는, 회개할 필요가 없는 아흔아홉보다, 회개하는 죄인 한 사람을 두고 더 기뻐할 것이다."(눅 15:7)

누군가의 영원한 운명을 바꾸고 천국을 기쁨으로 들끓게 하는 이런 인생을 살고 싶지 않은가? 예수님을 춤추게 하는 그런 개인과 교회가 되고 싶지 않은가? 그게 바로 리더의 삶이다. 그리고 그것이 바로 리더의 위대한 미션이다.

1. 저자는 복음 전도가 크리스천 리더의 핵심 미션이 되어야 한다고 주장합니다(딤후 4:2 참조). 현재 당신의 핵심 사명은 복음 전도가 맞습니까? 만약 아니라면 그 이유는 무엇입니까?

2. 복음을 전하면서 성령의 역사를 경험한 적이 있습니까? 나누어 봅시다.

3. 복음을 전하는 가운데 반대에 부딪힌 적이 있습니까? 그때 당신은 어떻게 반응했습니까? 반대 가운데서도 용기를 잃지 않고 굳건히 서기 위해 당신에게 필요한 것은 무엇입니까?

4. 당신은 전도를 순종이라는 측면으로 생각해 본 적이 있습니까? 만약 순종의 측면으로 전도에 접근한다면 당신의 복음 전도 사역에 어떤 유익 또는 변화가 있을까요?

5. 개인적이건 공동체적이건 복음 전도로 인한 기쁨을 맛본 적이 있습니까? 그 기쁨이 어떠했으며 그것이 당신의 향후 전도 사역에 어떻게 동기를 부여했는지 나누어 봅시다.

Learn leadership in the Acts of the Apostles

사람 건축, 리더의 열정

사도행전 4:32-37, 9:26-28, 11:22-26

친구 중에 제법 유명한 건축가가 있다. 아버지도 건축가였는데 아버지 피를 물려받았는지 재능이 탁월하다. 솜씨를 인정받아 매스컴에 나오고 상공부장관상에다 국제적 레벨의 상도 여러 번 탔다.

그 친구가 우리 교회 건물을 지어 주었는데 독특하고 아름다워 그냥 지나치는 사람이 없을 정도이다. 게다가 우리 교회 건물은 이미 국제적인 건축상을 두 군데서 받았다. 그 친구의 활동을 보면서 '야, 이 친구가 참 대단한 일을 하는구나!'라는 생각이 들 때가 종종 있다.

우리가 살고 일하고 예배드리고 쉼을 갖는 건물들을 짓는 것은 필요하고 또 중요한 일이다. 만약 내가 재능만 있다면 갖고 싶은 직업 중 하나가 건축 설계 쪽이다. 매력적인 일이라고 생각한다. 그러나 집보다 사람을 건축하는 것이 더 중요하고 의미 있는 일이다.

생각해 보라. 내가 어떤 사람의 삶을 잘 세워 주고 아름답게 만드는 데 일조한다면 그게 얼마나 의미 있는 일인가? 건축물은 낡고 없어지기도 하지만 사람은 결코 없어지지 않음을 우리는 알지 않는가?

영향력 있는 삶을 원한다면 사람 건축에 우리 삶을 투자할 필요가 있다. 사람을 좋아하고 사람에 관심을 가지며 헌신해야 한다. 누군가 예수님을 향해 '사람에 중독된 분'이라는 표현을 썼는데 예수님을 따르는 우리도 그렇게 되어야 하지 않겠는가?

내가 신학교에 다닐 때 한 교수님 책상에서 '예수님은 서류가 아니라 사람을 위해 죽으셨다'라는 글귀가 새겨진 액자를 본 적이 있다. 그 교수님은 학생들의 과제를 비롯한 숱한 서류를 취급하면서 자신의 존재 이유와 교수로서의 주된 임무가 서류가 아니라 사람임을 날마다 상기하기 위해서 그 액자를 책상에 세워 놓았을 것이다.

그렇다. 크리스천 리더로서 우리는 사람을 건축하는 일에 열정을 갖고 우리 자신을 드릴 필요가 있다. 리더의 마음과 열정은 다른 무엇보다 사람 건축에 있어야 한다는 말이다. 사도행전에 그런 사람이 하나 나온다. 그는 앞서 4장에서 만났던 바나바이다.

그는 사도행전 4장, 9장, 11장, 13-15장에 등장하는데 언제나 다른 사람을 세우는 일에 마음을 다해 헌신하고 있음을 보게 된다. 그는 그야말로 사람 건축가이다. 바나바의 이야기는 사람 건축에 헌신한 이들이 기억해야 할 것이 무엇인지 잘 보여준다.

다른 사람의 필요 돌아보기

사도행전 4장 32절에서 37절을 보면 초대 교회의 놀라운 모습이 나온다. 우리는 거룩에 대한 챕터에서 이 구절을 이미 살펴보았다. 당시 예루살렘 교회는 폭발적인 성장을 하고 있었다. 성장은 좋지만 성장과 함께 필요도 늘어났다. 과부들과 같은 가난한 사람들이 예수님을 믿고 교회의 가족이 되었다. 또한 세계 각지와 이스라엘 각처에서 예루살렘 성전에 순례 왔다가 갑자기 그리스도인이 된 사람들은 말씀을 더 배우기 위해 머물다 노잣돈이 다 떨어졌기 때문에 많은 필요를 갖고 있었다.

신도들 중 땅이나 집을 가진 사람들이 그걸 팔아 이런 필요들을 채

위 주었는데 그 대표적인 인물이 바로 바나바였다. 누가는 그의 행동을 이렇게 묘사한다. "키프로스 태생으로, 레위 사람이요, 사도들에게서 바나바 곧 '위로의 아들'이라는 뜻의 별명을 받은 요셉이, 자기가 가지고 있는 밭을 팔아서, 그 돈을 가져다가 사도들의 발 앞에 놓았다." (행 4:36-37)

바나바는 자기 부동산을 다른 사람을 위해 내어놓았다. 자기 재산 귀하지 않은 사람이 어디 있을까? 그러나 그것보다 다른 사람의 필요를 더 귀하게 생각했기 때문에 이런 헌신을 할 수 있었던 것이다. 자기 필요에만 갇히면 결코 사람 건축을 할 수 없다. 그러나 그것을 벗어나 다른 사람의 필요를 돌아보면 사람을 살리고 세우는 삶을 살 수 있다.

배창돈 목사의 저서 『열매맺는 순장』에는 저자가 시무하는 교회의 소그룹 리더들 이야기가 여럿 소개되어 있다. 순장이라고 일컫는 그 리더들의 이야기에는 순원들의 다양한 필요를 돌아보고 채워 주려는 감동적인 일화들이 나온다.

한 순장은 신문 배달하던 순원이 사정이 생겨 그 일을 못하게 되었을 때 대신 새벽에 신문을 배달해 주었다. 또 다른 순장은 직장에서 제대로 먹지 못하는 순원에게 떡이나 김밥 등의 간식으로 섬기고 병원에 입원한 순원에게는 간병으로 섬겼단다. 또 어떤 이는 순원이 2년간 제자 훈련을 받을 때 그 자녀를 한 주도 빠짐없이 봐 주기도 했다.

사람에 대한 뜨거운 관심과 열정 없이 이런 일을 할 수 있을까? 모두가 이 순장들이나 바나바처럼은 못한다 하더라도 우리는 우리가 할 수 있는 대로 다른 사람의 필요를 돌아보아야 한다.

소설가 이외수는 『글쓰기의 공중부양』이라는 책에서 '어떤 놈이 나쁜 놈일까?'라고 질문한 뒤 '나뿐인 놈'이 나쁜 놈이라고 대답했다. 나뿐인 놈이 음운학적인 변천 과정을 거쳐 나쁜 놈이 되었다는 개인적 생각을 덧붙이기도 했다. 정말 그런지는 모르겠지만 상당히 일리가 있는 말이다.

바울은 빌립보 교회에 보내는 편지글을 통해 다른 사람을 돌아보라면서 이런 권면을 했다.

> [3]무슨 일을 하든지, 경쟁심이나 허영으로 하지 말고, 겸손한 마음으로 하고, 자기보다 서로 남을 낫게 여기십시오. [4]또한 여러분은 자기 일만 돌보지 말고, 서로 다른 사람들의 일도 돌보아 주십시오. (빌 2:3-4)

남을 낫게 여기고 자기 일만 아니라 다른 사람들의 일도 돌아보기 위해서 우리는 성령의 도우심으로 이기심을 극복해야 한다. 그리고 물질보다 사람에 더 가치를 둘 수 있어야 한다. 그럴 때 우리는 다른 사람의 필요를 돌아볼 수 있고 사람을 세우는 사람 건축가가 될 수 있다.

이 세상에 얼마나 필요가 많은가? 김동호 목사는 자신이 설립한 〈열매나눔재단〉을 통해 아프리카 말라위의 가난한 사람들을 돕고 있다. 그는 그 가난한 지역에 사는 7천 명의 주민이 250만 원으로 하루 삼시세끼 고기를 배불리 먹었다면서 그런 광경을 지켜보고 나니까 250만 원짜리 가방 같은 것을 정말 들어서는 안 될 것 같다고 말한 적이 있다.

기억하면 좋겠다. 우리에게는 별것 아닌 액세서리가 누군가의 생명을 구할 수도 있다. 커피 값 같은 것 조금 아껴서 매달 만 원, 이만 원을 모으면 선교사나 개척 교회를 후원할 수 있다. 조금만 더하면 가난한 나라의 한 아이에게 새로운 삶과 꿈과 하나님의 사랑을 줄 수 있다.

주변을 한번 둘러보자. 소년 소녀 가장이나 신학생이 보이는가? 독거노인이나 새터민이 보이는가? 교회에 필요가 있는 누군가가 보이는가? 그게 누구이든 우리는 다른 사람의 필요를 돌아보고 마음을 다해 우리가 할 수 있는 무언가를 해야 한다. 그게 사람을 건축하는 삶이며 리더의 마음이다.

믿고 받아 주기

사도행전 9장에 보면 사울이 부활하신 예수님을 만나 극적으로 회심하는 이야기가 나온다. 그는 믿는 사람들과 교제하려 했지만 그전에 교회를 열렬히 핍박하던 사람이었기 때문에 아무도 그를 받아 주지 않았다. 사람들은 그의 회심을 믿지 않았다. 그래서 그는 외톨이가 되었다. 그런 그를 믿어 주고 손을 내밀어 준 사람이 있다. 바로 바나바이다. 다음 이야기가 그의 훌륭한 행위를 묘사하고 있다.

[26]사울이 예루살렘에 이르러서, 거기에 있는 제자들과 어울리려고 하였

으나, 그들은 사울이 제자라는 사실을 믿을 수가 없어서, 모두들 그를 두려워하였다. [27]그러나 바나바는 사울을 맞아들여, 사도들에게로 데려가서, 사울이 길에서 주님을 본 일과, 주님께서 그에게 말씀하신 일과, 사울이 다마스쿠스에서 예수의 이름으로 담대히 말한 일을, 그들에게 이야기해 주었다. [28]그래서 사울은 제자들과 함께 지내면서, 예루살렘을 자유로 드나들며 주님의 이름으로 담대하게 말하였고(행 9:26-28)

바나바는 사울이라는 과거의 핍박자를 믿어 주고, 받아 주었을 뿐 아니라 위험을 무릅쓰고 믿음의 공동체에 소개해 주었다. 자신의 명성에 해가 갈 수 있고 논란에 휘말릴 수 있음에도 불구하고 다리를 놓아 준 것이다.

이런 사람이 없었다면 과연 사울이 오늘날 우리가 아는 바울이 될 수 있었을까? 누군가를 믿어 주고, 받아 주는 것은 그 사람에게 긍정적인 동기를 부여하며 힘과 용기를 준다.

중학교 교사이면서 우리 교회 소그룹 리더로 섬기는 한 성도가 있다. 그녀는 교회 교역자 자녀 한 명에게 재능 기부를 해서 한동안 영어를 봐 주었다고 한다. 그 아이는 평소 숙제를 잘 안 해 갔는데 이 성도의 숙제는 아주 모범적으로 잘 해 간다고 했다.

그래서 그 부모가 왜 그 선생님의 숙제는 유독 잘 해 가냐고 물었더니 그렇게 하지 않을 수 없게 만든다고 대답했다. 무슨 말이냐고 물었더니 그 선생님이 너무도 따뜻한 표정과 목소리로 "나는 네가 이걸 꼭 해 오리라고 믿어. 잘할 수 있지?"라고 말한다는 것이다. 믿는다고 말하는 그 말이 그 아이에게 선한 동기 부여제가 된 것이다.

당신은 사람을 믿고 받아 주는가? 하나님은 우리를 다 아시면서도 의심하지 않고 있는 모습 그대로 받아 주셨다. 우리가 '주님, 제가 또 잘못을 저질렀습니다. 용서해 주세요'라고 할 때 그분은 '웃기지 마라! 내가 네 말을 어떻게 믿어'라고 하지 않고 우리를 용서해 주신다.

배우자와 자녀를 믿어 줘라. 있는 모습 그대로 받아 줘라. 앞에 언급된 선생님이 말했듯이 '나는 네가 잘하리라고 믿어'라고 말해 줘라. 피그말리온 육아법이라고 들어보았는가? 지속적인 믿음과 기대를 갖고 칭찬의 말을 끊임없이 해 주면 상대방이 기대만큼 변화하게 된다는 피그말리온 효과를 육아나 교육에 활용하는 것을 일컫는다.

TV 프로그램 중 〈유 퀴즈 온 더 블록〉이라는 프로그램이 있다. 주제에 맞는 사람들을 초대해 이야기를 들어보는 토크쇼이다. 최근 이 프로그램에 게스트로 출연하여 서울대생의 공부법에 대해 이야기해 화제가 되었던 인물이 있다. 바로 서울대 교육학과 신종호 교수이다.

그가 서울대 재학생 120명을 대상으로 '공부를 잘하게 된 원인'에 대해 조사를 한 적이 있다. 그 결과 무려 58퍼센트에 달하는 70명이 '부모의 신뢰'를 꼽았다고 한다. 부모의 신뢰가 자녀 학습에 큰 영향을 미친 것이다.

교회 공동체로서 서로에 대해서도 마찬가지다. 교회는 주님께서 성령으로 하나 되게 하신 영적 가족이다. 물론 분별력을 가져야 하겠지만 우리는 기본적으로 서로를 신뢰하고 격려하고 용납해야 한다. 끊임없이 의심하고 트집을 잡으며 물아붙이고 판단할 때 사람은 움츠

러들고 무너진다.

그러나 따뜻한 마음으로 믿고 받아 주면 사람이 세워진다. 특별히 교회의 리더는 가장 큰 마음과 뜨거운 가슴으로 사람을 믿고 받아 주어야 한다. 그것이 사람 건축에 열정을 지닌 크리스천 리더의 마땅한 일이기 때문이다.

하나님과 더 가까워지도록 도와주기

사도행전 11장에 가면 스데반의 박해로 흩어진 사람들이 이방 세계인 안디옥까지 가서 복음을 전하여 많은 사람이 구원받는 큰 역사가 일어나는 것을 볼 수 있다. 그러자 예루살렘 교회는 이 사람들을 그리스도 안에서 양육하기 위해 한 사람을 안디옥에 파송했다. 누굴까? 역시 바나바이다. 사람을 건축하는 일에 그는 빠질 수 없다. 바나바는 어떤 일을 했을까?

[22]예루살렘 교회가 이 소식을 듣고서, 바나바를 안디옥으로 보냈다. [23]바나바가 가서, 하나님의 은혜가 내린 것을 보고 기뻐하였고, 모든 사람에게 굳센 마음으로 주님을 의지하라고 권하였다. [24]바나바는 착한 사람이요, 성령과 믿음이 충만한 사람이었다. 그래서 많은 사람이 주님께로 나아왔다. [25]바나바는 사울을 찾으려고 다소로 가서, [26]그를 만나 안디옥으로 데려왔다. 두 사람은 일 년 동안 줄곧 거기에 머물면서, 교회에서 모임

을 가지고, 많은 사람을 가르쳤다. 제자들은 안디옥에서 처음으로 '그리스도인'이라고 불리었다. (행 11:22-26)

바나바는 하나님의 은혜로 예수님을 믿고 구원받게 된 안디옥 성도들에게 더 굳건히 주님을 의지하라고 격려했다. 그리고 자기가 다리를 놓아 제자들의 공동체에 들어오도록 도와준 사울, 곧 바울을 그곳에 데리고 와서 그와 함께 일 년 동안이나 안디옥 성도들을 말씀으로 가르쳤다.

그 결과로 그들은 믿음이 성장하고 주님을 더 닮게 되었으며 하나님과 더 가까워지게 되었음에 틀림이 없다. 그것은 그들이 그곳에서 처음으로 '그리스도인', 즉 그리스도의 사람들이라는 명칭을 얻었음을 보아도 잘 알 수 있다.

우리가 사람을 세우는 사람 건축의 일을 제대로 하려면 그저 그 사람을 돌아보고 인간적으로 도와주는 데 그치는 것이 아니라 하나님에 대한 그의 믿음이 성장하고 그가 하나님께 더 가까이 가도록 도와주어야 한다. 예수님을 믿는 부모라면 자녀를 키울 때도 그냥 육체적인 복지나 공부 같은 것을 잘하도록 돕는 것이 아니라 하나님과의 관계에서 성장하도록 도와야 한다.

지소영 작가는 25년간 매일 가정예배를 드린 후 『153 가정예배』라는 책을 썼는데, 특이하게도 이제 청년이 된 아들과 딸이 추천사를 썼다. 아들 이삭은 추천사에서 '저희 부모님은 아직 살아계시지만 저는 이미 유산을 받았습니다. 가정예배라는 유산입니다.'라고 했다. 이들은 자기 자녀의 믿음을 세우는 일에 뜨거운 열정을 갖고 그 삶을 주 안에서 세우는 사람 건축의 일을 한 것이다.

내가 섬기는 신학교를 졸업한 한 전도사는 어떤 성도 부부에게서 그들의 자녀 과외를 해 달라는 부탁을 받았다. 그런데 영어나 수학 같은 과목이 아니라 성경 과외였다. 상당한 돈을 지불하면서 자기 자녀에게 성경을 가르쳐 달라고 했다는 것이다.

그 가정의 부모는 자녀가 영어나 수학을 잘하는 것보다 성경 말씀에 대한 지식이 자라기를 원했음이 분명하다. 그 결과로 믿음이 성장하고 하나님께 가까이 가기를 원했기에 그런 특별한 투자를 한 것이다. 그 부모는 무엇이 정말 중요하며 무엇이 우리 인생을 진짜 견고하게 세워 주는지를 아는 사람이다. 그야말로 제대로 된 사람 건축가인 셈이다.

청년 시절 지금의 아내와 데이트할 때 매주 열리던 토요 성경 공부 모임에 그녀를 데리고 갔다. 부족한 점이 많았지만 나뿐 아니라 그녀가 하나님께 가까이 가기를 원했다. 그래서 모태신앙인으로 태어나 복음에 대한 정확한 이해 없이 교회 생활을 착실하게 해 왔던 아내는 하나님 사랑을 깨닫고 구원을 확신하게 되었으며 믿음이 성장했다.

연인 사이뿐 아니라 부부간에도 서로 하나님께 가까이 가도록 돕고 자극하고 영감을 주고 격려해야 한다. 종교개혁자 마틴 루터(Martin Luther)는 식탁에서 자기 부인에게 암송을 시켜서 잘하면 상으로 돈을 주었다고 한다. 그는 또한 부인에게 성경을 통독하면 50길더를 더 주겠다고 약속하기도 했다. 루터는 위대한 종교개혁자일 뿐 아니라 부인의 믿음과 내적 사람을 세워 주었던 사람 건축가라고 할 수 있다.

당신은 누군가가 하나님께 더 가까이 나아가도록 돕고 있는가? 하나님에 대한 누군가의 믿음을 세워 주는데 관심과 열정이 있는가? 내가 섬기는 교회에서는 제자 훈련의 일환으로 일대일 양육 과정을 하고 있는데 이 일에 이끄미로 헌신하는 교역자들과 성도들을 보면 내 마음에 감동이 인다.

내가 우리 교역자들이 보이지 않아 찾을 때 가장 많이 듣는 말 중 하나가 "양육 중인데요"라는 말이다. 내 귀에 노래 같은 말이다. 그들은 꼭 그렇게 여러 사람을 맡아 개인적인 양육을 안 해도 된다. 부서 모임을 인도하고 적당히 프로그램 돌리면서 사역해도 큰 문제는 없다. 그럼에도 그들은 한다. 기쁨으로 한다. 마음을 다해 한다. 사람을 세우는 데 관심이 있기 때문이다.

교회에 양육 과정이 있다면 참여하여 수료하고 다른 사람들을 세우는 일에 자신을 드려라. 다음 세대 사역의 교사로, 소그룹의 리더로 헌신하라. 하나님의 부르심이 있다면 목회자로 선교사의 길로 나서라. 그것이야말로 진정한 사람 건축가로 사는 길이다.

그래서 사랑과 돌봄과 말씀으로 믿음을 세워 주고 바나바가 그랬던 것처럼 굳센 마음으로 주님을 의지하라고 권하라. 굳이 어떤 직분이 없더라도 다른 성도들이 하나님을 더 의지하고 사랑할 수 있도록 기도해 주고 도와줘라. 그것이 바로 리더십이다.

사실은 교회 안에서만이 아니다. 학교와 직장과 사업장에서도 누군가가 하나님께 더 가까이 가도록 도울 수 있고 그럼으로써 그들의 영혼을 더 든든히 세울 수 있다. 내가 아는 한 집사님은 작은 사업체를 경영하는데 단순히 많은 이익을 내는 데만 관심이 있는 것이 아니라 직원들의 영적 삶에 더 큰 관심을 가지고 있다. 그들을 위해 기도하고 사랑을 베풀며 어떻게든 그들이 하나님께 더 가까이 다가갈 수 있도록 많은 노력을 기울인다.

내 제자 몇몇은 대학 내의 기독교 동아리에 참여하여 학생들에게 동일한 노력을 기울인다. 나도 유학생으로 일반 대학원에 다니던 시절 하나님이 동료 유학생들에 대한 마음을 주셔서 그들을 우리 집으로 초청하여 식사 교제를 나누고 성경 공부를 하면서 그들의 믿음을 세워 주려고 애를 썼던 적이 있다. 신학생도 전도사도 아닌, 같은 유학생으로 개인적인 상담도 해 주곤 했다.

이런 일은 심지어 감옥에서도 일어날 수 있다. 우리는 감옥에서 예수님을 만난 사람들이 다른 죄수들의 영혼에 관심을 갖고 그들을 하나님께로 인도하며 그리스도 안에서 세워 주려고 애를 쓴다는 이야기들을 듣는다. 청송교도소에서 교도관으로 근무했던 박효진 장로는 예수님을 믿기 전 '지옥에서 온 박 주임'이라는 별명을 가질 정도로 잔인한 사람이었다.

그러던 그가 자기를 위해 십자가에 죽으신 예수님을 극적으로 만난 후 변화되기 시작했다. 그때부터 그는 수감자들의 영혼과 믿음에 마음을 두기 시작했다. 단순한 교도관이 아니라 수감자들이 하나님께 가까이 나아가도록 돕는 사람 건축에 헌신하였다는 말이다. 우리도 그런 일을 할 수 있다. 그럴 때 누군가의 삶이 아름답고 견고하게 세워지며 당신도 기쁨과 보람으로 충만할 수 있을 것이다.

사람만이 영원하다

바나바는 그냥 자기만을 위해 재산을 모으고 좋은 것을 누리면서 살지 않았다. 그는 사람에게 열정을 두고 자신의 인생을 투자했다. 사람의 가치를 알았기 때문이었다. 예수님께서 사람들을 위해 십자가에 달려 돌아가신 것을 믿었으며 이 땅에서 사람만이 영원함을 인식했기 때문이었다. 그래서 그는 다른 사람들의 필요를 돌아보았고 바울처럼 과거가 있는 사람도 믿고 받아 주었으며 누군가가 하나님께 더 가까이 가도록 도와주었다.

빌 하이벨스(Bill Hybels)의 저서 『사랑하면 전도합니다』를 보면 한 강연자 이야기가 나온다. 그는 "우리 모두가 알아야 할 것이 있습니다"라고 하면서 스티커 한 통을 꺼냈다. 그리고 나서 강단을 돌아다니며 작은 집 모형과 장난감 자동차, 인형 크기의 사무실 책상에 빨간 스티커를 붙였다.

그는 빨간 스티커에는 '순간'이라는 단어가 쓰여 있다고 설명하면서 말했다. "제가 빨간 스티커를 붙인 물건은 다 순간적인 것입니다. 이 세상이 끝나면 바람에 날리는 나뭇잎처럼 사라집니다. 이것들을 위해 사는 삶은 순간의 쾌락, 순간의 만족, 순간의 성취를 좇는 덧없는 삶이지요." 그렇게 말한 후 그는 강단에 있는 모든 것에 빨간 스티커를 붙였다. 그러고는 말했다. "이 강연장 안에 영원한 것, 다음 세상으로 가지고 갈 수 있는 것은 딱 하나가 있습니다." 그는 한 사람을 강단으로 불러 그 옷깃에 파란 스티커를 붙였다.

사람만이 영원하다는 강력한 신호가 전달되었다. 그는 이렇게 물었다. "긴 인생길을 마치고 마지막 숨을 내뱉는 순간에 여러분은 무엇을 위해 살았다고 말하기 원합니까?" 당신은 어떻게 대답할 것인가? 뭐라고 대답하기를 원하는가? 잊지 말기 바란다.

우리가 좋아하는 돈도 물건도 지위도 권력도 쾌락도 다 순간적인 것이다. 오직 사람만이 영원하다. 그러므로 사람에게 열정을 품고 우리 인생을 투자하는 것이 가장 현명하다. 사람을 세우는 삶을 살자. 사람 건축가가 되자. 누군가의 필요를 돌아보고 누군가를 믿고 받아주며 누군가 하나님께 더 가까이 가도록 도와주자.

당신은 선한 영향을 미치며 당신의 일은 영원히 남을 것이다. 하나님은 당신을 하나님 나라의 리더로 쓰시며 영원한 보상으로 당신을 축복하실 것이다.

1. 당신의 열정은 어디에 있습니까? 당신의 마음이 끌리는 몇 가지에 대해 말해 봅시다.

2. 크리스천 리더로서 사람을 세워 본 경험이 있다면 어떤 경우였는지 함께 나누어 봅시다.

3. 누군가를 살리고 그 삶을 세우기 위해 당신이 돌아봐야 할 대상과 그의 필요는 무엇입니까? 구체적으로 당신은 어떤 헌신을 할 수 있을까요?

4. 바나바가 사울이라는 과거의 핍박자를 믿고 받아 주며 믿음의 공동체에 소개해 준 것처럼 당신이 믿고 받아 줄 대상이 있습니까? 그 일을 어떻게 할지 구체적으로 말해 봅시다.

5. 누군가가 하나님께 더 가까이 가고 그의 믿음을 세우기 위해 당신이 지금 할 수 있는 일은 무엇입니까?

07

Learn leadership in the Acts of the Apostles

고난, 리더가 빛나는 순간

사도행전 7:54-60

음식을 만들 때 레시피를 보면 그 자체로는 정말 맛도 없고 넣어서는 안 될 것 같은 재료가 있다. 베이킹소다나 김치 담글 때 넣는 생갈치 같은 것들이다. 이 장에서 리더십 레시피로 소개하고자 하는 것 역시 바로 이런 것이다.

이 재료는 리더십과는 잘 안 맞는 것 같이 보인다. 별로 당기지도 않는다. 그게 뭘까? 바로 고난이다. 리더십과는 잘 어울리지 않는 이 주제를 왜 굳이 다루어야 하는 걸까? 아이러니하게도 고난만큼 크리스천 리더를 돋보이기 해 주는 것은 없기 때문이다.

고난의 때에 크리스천 리더는 그 반응에 있어서 비그리스도인뿐 아니라 일반 성도와도 확실한 차별화를 보여줌으로써 선한 영향력을 끼치며 리더십을 확립할 수 있다. 여기서 이 주제를 다루는 또 하나의 이유는 고난만큼 현실적인 것은 없기 때문이다.

솔직히 나는 한 가정의 가장으로서, 교회의 담임목사로서 우리 가정과 교회 성도들의 삶에 그 어떤 고난도 없기를 바란다. 정말 그랬으면 좋겠다. 그러나 그건 그냥 바람일 뿐 천국에서나 경험할 현실이 아니겠는가. '올해 웃는 일만 가득하기를 바랍니다'와 같은 연하장의 덕담은 그저 덕담일 따름이다. 우리는 이런저런 아픔을 경험할 것이며 웃음과 더불어 눈물도 흘릴 것이다.

고난은 우리 삶의 현실이다. 이는 리더의 삶에도 예외가 아니다. 오히려 더욱 그렇다. 고난은 리더를 빛는 용광로이다. 또한 그것은 리더가 지불해야 할 대가이기도 하다. 그러나 역설적이게도 고난의 때에 리더는 오히려 더 빛날 수 있다. 뉴욕 시장을 지냈던 루디 줄리아니(Rudy Giuliani)의 말처럼 유능한 리더는 힘든 시기에 더욱 빛난다.

사도행전 7장 54절에서 60절까지의 본문은 고난의 때에 찬란하게 빛났던 한 리더 이야기를 들려주고 있다. 그는 기독교 최초의 교회인 예루살렘 교회 일곱 집사 중 한 사람이었고 또한 전도자이기도 했던 스데반이다. 그는 많은 사람에게 기독교 최초의 순교자로 가장 잘 알려져 있다. 바로 그 순교의 사건이 이 본문에 묘사되는데 이 이야기는 고난과 리더십, 그리고 영향력의 관계를 살펴보기에 아주 적절하다.

기독교 최초의 순교 현장

사도행전 6장은 예루살렘 교회의 일곱 집사 중 하나로 뽑힌 스데반을 소개하면서 그가 복음을 전하다가 유대인들에게 잡혀 공의회에 끌려가는 모습을 묘사한다. 그 공의회에서 그는 자신을 변호할 수 있는 기회를 받고 이스라엘의 역사를 쭉 훑어가는 가운데 복음을 전하며 회개를 촉구하는 설교를 한다. 그게 7장의 내용이다.

이 설교에 대해 사람들은 어떻게 반응했을까? 성경에 기록된 그들의 반응은 충격적이다. "그들은 이 말을 듣고 격분해서, 스데반에게 이를 갈았다."(행 7:54) 그들은 회개하지 않았다. 고개를 끄덕이며 아멘을 외치지도 않았다. 그냥 무관심하거나 냉소적인 표정으로 바라보고 있지도 않았다. 심지어 졸지도 않았다. 그들은 무서운 표정으로 스데반을 노려보며 이를 갈았다.

이렇게 이를 가는 사람들과 달리 주님은 스데반을 격려하기 위해 그에게 하늘의 영광을 보여주신다.

> [55]그런데 스데반이 성령이 충만하여 하늘을 쳐다보니, 하나님의 영광이 보이고, 예수께서 하나님의 오른쪽에 서 계신 것이 보였다. [56]그래서 그는 "보십시오, 하늘이 열려 있고, 하나님의 오른쪽에 인자가 서 계신 것이 보입니다" 하고 말하였다. (행 7:55-56)

주님은 보좌에 앉지 않고 서 계셨다. 스데반에게 용기를 주고 그를 맞이하기 위해서이다. 신약 성경에서 주님이 하나님 보좌 우편에 서 계셨다는 표현은 여기가 유일하다. 그만큼 박해받는 스데반에 대한 주님의 마음이 뜨거워졌다는 뜻일 것이다.

하늘이 열리고 주님이 서 계신다는 스데반의 말에 사람들은 더 광분했다. 귀를 막고 달려들어 그를 성 밖으로 끌어내고 돌로 쳤다. 이 광기의 현장에 훗날 사도 바울이 된 사울이 있었다.

> [57]사람들은 귀를 막고, 큰 소리를 지르고서, 일제히 스데반에게 달려들어, [58]그를 성 바깥으로 끌어내서 돌로 쳤다. 증인들은 옷을 벗어서, 사울이라는 청년의 발 앞에 두었다. (행 7:57-58)

그러나 스데반의 반응은 놀라웠다. 사람들의 광기와는 너무도 대조적인 그의 반응이 그 다음 부분에 나와 있다.

[59]사람들이 스데반을 돌로 칠 때에, 스데반은 "주 예수님, 내 영혼을 받아 주십시오"하고 부르짖었다. [60]그리고 무릎을 꿇고서 큰 소리로 "주님, 이 죄를 저 사람들에게 돌리지 마십시오" 하고 외쳤다. 이 말을 하고 스데반은 잠들었다. (행 7:59-60)

그는 예수님과 얼마나 닮았나? 대부분 악을 쓰거나 비명을 지를 텐데 그는 용서의 기도를 했다. 보통은 돌을 맞고 쓰러져서 죽지만 스데반은 무릎을 꿇고 죽었다. 성경은 그가 잠들었다고 했다. 성도가 죽었을 때 성경은 잠든다는 표현을 종종 사용한다. 스데반은 사실 죽지 않았다. 그 영혼은 주님 품에 안겼고 그의 육신은 잠들었을 따름이다.

이 이야기는 성도, 특별히 리더의 고난에 대해, 그리고 고난과 영향력 있는 삶과의 관계에 대해 우리에게 어떤 레슨을 주는 것일까?

주님이 우리에게 오시는 길, 고난

스데반이 어려움에 처하자 주님은 성령 안에서 그에게 하나님의 영광을 보여주셨다. 심지어 그분은 하늘 보좌에서 스데반을 위해 일어나셨다. 주께서 고난받는 성도와 함께 하시는 그림을 이것보다 더 잘 보여주는 것이 어디 있겠는가?

우리가 고난받을 때 주님은 우리와 함께 하시며 우리에게 힘과 용기를 주신다. 복음서에 보면 제자들이 배를 타고 갈릴리 호수를 건너

다가 풍랑을 만나는 장면이 나온다. 그들은 어릴 때부터 어부 노릇을 배우며 잔뼈가 굵었던 사람들이라 웬만한 풍랑은 별 신경 쓰지 않고도 이길 수 있었다.

그러나 이번의 풍랑은 달랐다. 그들이 이 지독한 풍랑과 사투를 벌이며 크게 힘들어하자 예수님은 직접 물위를 걸어서 호수를 가로질러 그들에게 오셨다. 그래서 사랑받는 복음주의 저자 맥스 루케이도(Max Lucado)는 '고난은 주님이 우리에게 가까이 오시는 길'이라고 말했다.

그렇다. 주님은 고난의 때에 우리 가까이에 오신다. 이사야 43장 2절에서 하나님은 "네가 물 가운데로 건너갈 때에, 내가 너와 함께 하고"라는 말로 고난받는 자녀와의 연대를 강조하신다.

실제로 많은 그리스도인이 어려움 가운데서 주님의 은혜와 임재를 더 분명히 체험할 수 있었다고 간증한다. 이는 크리스천 리더의 경우에도 예외가 아니다. 페이스북 친구인 한 젊은 개척 교회 목회자는 아내의 질병과 개척의 여러 고통스런 상황 가운데서 마치 절벽에 서 있는 것 같은 느낌이었다고 했다. 온몸이 굳어서 한 발자국도 움직일 수 없고 다리에 쥐가 난 것만 같고 머리는 백지장처럼 하얗게 되고 눈앞이 캄캄해지면서 방향 감각도 잃은 것 같았다고 했다.

그러나 그게 이야기의 다가 아니었다. 그는 점차 은혜의 손길 안에서 자신을 붙들고 계신 하나님을 보게 되었고 그로 인해 마치 안개가 걷히면서 선명한 길들이 보이는 것 같았다고 고백했다. 문제 속에 매몰되지 않고 믿음으로 빠져나올 수 있는 은혜를 허락하셨다고도 했다. 그러면서 그는 이렇게 말했다.

잠시 길을 잃은 듯하다가도 새로운 길이 보이기 시작하는 것 같았다. 낭떠러지에 떨어지는 그 순간, 날아오르듯 함께 떨어지시는 주님을 보게 하셨다. 여러 상황과 사건들을 통해 도리어 함께하시는 하나님의 보호하심을 발견케 하셨다.

지금 고난 가운데 있는가? 그 고난이 힘들겠지만 그것에만 매몰되지 말고 그것을 뚫고 우리에게 다가오시는 주님을 바라보도록 하자. 주님께서 가까이 오시며 함께하시며 도우실 것이다. 우리 부부는 부모로서 우리 아이들이 아팠을 때, 우리의 마음이 보통 때보다 더 그들에게 가 있었음을 기억한다. 우리는 그 아이들이 혼자 아파하도록 내버려 두지 않았다. 최선을 다해 물리적으로도 함께 있어 주려고 노력했다. 아이들이 입원했던 경우도 있었는데 아내는 아예 그들이 있던 병실에서 함께 먹고 자면서 아픈 아이를 돌보았다.

우리처럼 부족한 부모도 아픈 자녀에게 그렇게 하는데 하물며 하나님은 어떠시겠는가? 주님은 당신의 고통받는 자녀가 혼자 아파하도록 내버려 두지 않으실 것이다. 어려움이 올 때 주님이 함께하시며 힘 주심을 믿고 기억하기 바란다. 믿음의 눈을 들어 주님을 바라보도록 애를 쓰자. 그러면 고난에도 무너지지 않고 오히려 주님의 은혜를 더 깊이 체험할 수 있을 것이다.

평소에 쌓아야 할 내공

스데반은 갑자기 닥친 자신의 고난에 대해 놀라운 반응을 보였다. 그는 자기를 죽이려는 자를 향해 예수님처럼 용서해 달라는 기도를 했다. 증오나 공포에 휩싸인 모습이 아니라 오히려 천사의 모습과 같았다고 누가는 묘사한다. 그는 비록 죽었지만 승리자는 그를 죽인 자들이 아니라 스데반 자신이다. 본문을 읽어 보면 스데반이 패배했다는 인상을 조금도 받을 수 없다.

악을 쓴 자는 그가 아니라 그를 향해 돌을 던진 사람들이었다. 그에게는 승리자의 여유와 용기와 너그러움이 있었다. 비록 그의 육신은 돌에 맞아 피투성이로 변했지만 그것이 모든 이야기의 끝은 아니었다. 주님은 직접 일어나서서 그를 맞아 주셨고 그의 이야기는 성경에 기록되어 헤아릴 수 없는 사람들에게 전해졌다.

스데반은 어떻게 이런 반응을 보일 수 있었을까? 그것은 그가 평소에 주님과 친밀히 동행하던 사람이었기 때문이다. 사도행전 6장을 보면 그는 수천 명, 아니 어쩌면 수만 명의 성도들 가운데서 신망이 있고 성령과 지혜가 충만한 일곱 사람에 포함되어 있었다.

그뿐만 아니라 사도행전 6장 8절은 그가 은혜와 능력이 충만했다고 증언한다. 그는 성령 충만했고 주님의 은혜를 경험한 사람이었다. 영적 내공이 만만치 않았던 것이다. 평소에 성령의 지배를 받으며 주님과 동행함으로써 영적 내공을 쌓아 두었기 때문에 이와 같은 위기의 순간에 그는 주님과 같은 반응을 할 수 있었다.

사실은 리더십에도 내공이 필요하다. 가까이 지내는 한 목사는 팬데믹이라는 위기를 맞자 자신이 리더로서 내공이 얼마나 부족했는가를 절실히 느꼈다고 했다. 그래서 그때부터 영적으로, 지적으로, 목회적으로, 또 관계적으로 역량을 갖추는 일에 매진했다는 것이다.

원하든 원하지 않든, 우리는 이런저런 고난에 직면하게 된다. 이는 운동선수가 경기 가운데 위기 상황이나 힘든 순간을 반드시 맞이하는 것과 같은 이치다. 만약 운동선수가 아무런 훈련도 되어 있지 않고 어떤 내공도 없이 그 상황을 맞는다면 그는 그것을 돌파하지 못하고 그냥 무너져 버리고 말 것이다. 그러나 평소 훈련이 잘되어 있고 내공이 쌓여 있다면 어려운 상황을 맞아도 그것을 이겨 낼 수 있을 것이다.

고난과 위기가 없는 인생은 없다. 누구든 살다 보면 어려운 시기를 맞게 되어 있다. 리더의 삶과 사역에도 위기와 고난은 반드시 찾아온다. 그때 바르게 반응하고 승리하려면 우리는 평소에 주님과 동행함으로 영적 내공을 쌓을 필요가 있다.

성공보다 영향력이 큰 고난

스데반의 순교 이야기에서 사울이라는 사람의 등장은 아주 흥미롭다. 그는 스데반의 처형에서 중요한 역할을 했음이 틀림없다. 증인들이 옷을 벗어 사울의 발 앞에 두었다는 표현으로 보아 그는 증인들의 책임자로 맨 먼저 돌을 던질 수 있는 권리를 가졌을 것이다.

그는 이런 과정에서 스데반이 어떻게 반응하는지를 분명히 보았다. 그것은 그의 마음속에 뭔가 중요한 질문거리를 남겼을 게 틀림없다. '저 사람은 열린 하늘을 본다는데 내겐 아무 것도 보이지 않아. 왜지? 어떻게 사람이 저렇게 죽을 수 있단 말인가? 어떻게 자기에게 돌을 던지는 사람들을 용서해 달라고 기도할 수 있는 거지? 저 사람에겐 내게 없는 뭔가가 분명히 있는 것 같은데 그게 뭘까?' 아마도 그는 이런 질문을 했을 것이다.

이 일이 있고 얼마 후, 사울은 다메섹 도상에서 부활하신 예수님을 만나고 변화되었다. 많은 학자가 그 회심의 준비 단계가 바로 스데반의 죽음이라고 본다. 나도 그렇게 생각한다. 스데반이라는 한 사람이 고난에 대해 보인 반응은 후일 기독교 최고의 선교사가 된 바울의 회심에 영향을 미쳤다. 그뿐만이 아니다. 스데반의 이야기는 성경에 남아 시대와 문화를 넘어 수많은 사람에게 영감과 감동을 주었다. 수많은 사람이 주님께 헌신하도록 도왔다.

사람들은 교회가 크게 성장하거나 그리스도인이 세상적으로 성공한다고 해서 감동받지 않는다. 대한민국에선 장로 대통령까지 배출되었지만 사람들의 기독교에 대한 인식은 더 나빠졌다. 그러나 우리가 고난에 바른 태도로 반응할 때 오히려 사람들은 마음을 연다. 기독교와 예수님을 새롭게 본다.

이는 이지선 자매, 닉 부이치치(Nick Vujicic), 레나 마리아(Lena Maria) 같은 사람의 경우를 봐도 분명히 알 수 있다. 이지선 자매는 음주 운전자가 일으킨 교통사고로 인해 온몸에 화상을 입고 사십여 차례의 수술을 받아야 했다. 그녀는 사고가 있기 전, 한국에서 명문으로 꼽히는 여대에 다니는 예쁘고 똑똑한 청년이었다.

아이러니하게도 외적으로 남부러울 것이 없던 그때보다 수차례의 수술을 통과하여 일그러진 얼굴과 장애가 있는 몸을 가진 지금 더 많은 사람에게 더 큰 영향력을 미치며 산다. 그녀의 고난에 대한 반응을 보고 많은 사람이 감동을 받았기 때문이다.

다른 사람 같으면 삶을 포기할 수 있는 상황에서 그 자매는 주님을 바라보고 다시 일어섰다. 자기 연민에 빠지지 않고 오히려 다른 사람들을 섬겼다. 이러한 그녀의 삶 덕분에 고난 가운데 있는 사람들이 용기와 소망과 영감을 얻은 것이다. 선천적 장애로 신체의 일부가 없이 태어난 닉 부이치치나 레나 마리아의 경우도 마찬가지이다.

물론 고난은 쉽지 않다. 유명한 기독교 저자 필립 얀시(Philip Yancey)는 고난을 일컬어 '아무도 원하지 않는 선물'이라고 했다. 고난은 정말 선물처럼 여겨지지 않는다. 누가 고난이라는 선물을 즐겨 받으려 하겠는가?

그러나 이런저런 어려움이 닥칠 때 그 가운데서 주님을 바라보고 주님의 도우심을 구하며 성령의 역사 가운데 올바로 반응하면 그 고난은 정말 선물이 될 수 있다. 하나님의 특별한 은혜와 임재를 경험하고 우리 성품이 더 예수 닮은 모습으로 빚어짐은 물론 스데반의 경우에서 보듯 다른 이들에게 선한 영향을 줄 수 있다.

전도왕이 된 암 환자

　이 장을 마무리하며 김복남 전도사가 쓴 『사랑하기 위해 살고 살기 위해 사랑하라』는 책에 나온 내용을 함께 나눌까 한다. 그녀는 암으로 남편을 먼저 떠나보내고 지금은 세브란스병원 전도사로 환자들을 섬기고 있다. 이 이야기는 고난에 대한 한 사람의 올바른 반응이 어떻게 선한 영향을 끼칠 수 있는지를 잘 보여준다. 죽음과 마주한 이 부부의 이야기를 공감하는 마음으로 한번 읽어 보라.

　세상을 떠나기 전 그녀의 남편은 직장암 말기 환자였다. 보통 그 상태가 되면 하나님을 원망하거나 체념하거나 슬픔에 잠겨 무기력해지기 쉽다. 그러나 그녀의 남편은 그 고난 가운데서도 하나님의 뜻에 순종하여 죽기 전에 한 영혼이라도 더 전도해야 한다면서 부인의 반대에도 불구하고 병원 전도를 강행했다. 때를 얻든지 못 얻든지 말씀을 전파하라는 성경 구절을 마음에 새겼던 것이다.

　그는 병원을 돌며 병상에 누워 있는 환자들에게 자신은 병원에서도 받아 주지 않는 직장암 말기 환자인 데다 기저귀까지 차고 있다며 솔직하게 자신의 상황을 오픈하면서 이렇게 말했다.

　"여러분들은 입원이라도 할 수 있어서 얼마나 다행입니까? 하지만 저는 예수님을 믿기에 죽어도 하늘나라에 갈 수 있어 감사하고 또 살아도 감사합니다. 아프면 누구를 의지하십니까? 제가 믿는 예수를 여러분도 믿기를 바랍니다."

사람들은 어이없다는 표정으로 그를 쳐다보았고 혀를 차기도 했다. 부인인 김 전도사도 기가 막혔노라고 고백한다. 하지만 그는 세상에서 가장 큰 힘은 진실함이라며 하나님께서 진심으로 복음을 전하고 싶은 자신의 마음을 보시고 그 모습 그대로 자신을 사용하신다는 믿음을 버리지 않았다.

그러던 어느 날, 전도를 위해 세 번이나 방문했던 어느 병원에서 한 중년 남자의 놀라운 고백과 마주한다. 그는 지금까지 다른 사람들이 예수를 믿고 병이 나았다거나 부자가 된다고 해도 안 믿었는데, 아프다고 말하며 전도하는 이를 처음 보았다고 했다. 이토록 정직한 사람이 전하는 예수는 진짜인 것 같다며 어떻게 해야 예수를 믿을 수 있는지 가르쳐 달라고 간청했다. 죽음을 눈앞에 둔 한 고난받는 사람의 진정성 있는 전도에 마음이 열린 것이다.

그뿐만이 아니었다. 그녀의 남편은 교회의 총동원전도주일에 기저귀를 차고 비틀거리면서도 새 신자 46명을 데리고 오기도 했다. 이렇게 남편은 비록 짧은 생을 살았지만 자신의 고난에 대해 원망하기는커녕 마지막 순간까지 한 영혼이라도 더 전도하기 위해 안간힘을 쓰다가 떠났다.

남편을 보낸 후 그녀는 서재를 정리하다 남편이 노트 한 귀퉁이에 남긴 다음의 글귀를 발견한다. '내가 태어날 때 나는 울었지만 주위 사람들은 웃었다. 내가 죽을 때 주위 사람들은 울겠지만 나는 웃으면서 그분께 갈 것이다' 자신의 죽음을 예감하고 쓴 글이었다.

그 글을 쓰고 사흘 정도 지난 날, 남편은 숨이 차오른다며 담임목사님을 불러 달라고 요청했다. 목사님을 기다리는 동안 김 전도사는 12년간 부부로 살며 스트레스를 너무 줘서 당신이 아픈 것 같다며 남편 앞에 무릎을 꿇고 용서를 구했다. 그러나 남편은 있는 힘을 다해 부인을 끌어안으면서 가난한 집으로 시집와 고생만 하고, 앞으로 홀로 아이들을 데리고 살게 만든 것에 대해 오히려 사과하였다. 그 바람에 서로 용서를 주고받았다고 한다.

담임목사님이 도착한 후 짧은 예배를 드리고 구급차에 올라타면서 "이 다음에 부활할 때 다시 만나자"라는 말을 마지막으로 남긴 남편이 구급차 안에서 눈을 뜬 채로 숨을 거두고 말았다. 남편을 안고 우는데 딸도 아빠를 끌어안고 울다가 그의 눈을 감기며 아빠는 죽은 게 아니라 자는 거라며, 부활할 때 다시 만날 수 있다고 위로하며 별안간 새끼손가락을 내밀었다. 아빠는 세상을 떠났지만 엄마는 아빠처럼 병든 이들을 위해 평생을 바치겠다고 약속하라는 것이 아닌가.

담임목사님도 아이의 음성이 아니라 하나님의 음성이라 여기고 약속할 것을 종용하자 엉겁결에 손가락을 걸어 약속을 하고 말았다. 그때 놀라운 일이 일어났다. 하나님께서 살아 계신다는 게 그녀에게 정말 믿어진 것이다. 마치 선물처럼 하나님이 자기를 사랑하심과 죽은 자의 부활이 믿어졌다.

장례를 치른 다음 딸에게 왜 그런 약속을 하자고 했느냐고 물으니 아빠가 죽어 가는 몸을 이끌고 전도하는 것을 우리가 다 보지 않았느냐고 말했다.

직장암 말기라는 극한의 고난 가운데서 보여준 아빠의 열정과 믿음의 반응이 딸의 마음을 감동시킨 것이다. 그리고 그것은 연쇄적으로 부인인 김 전도사의 믿음을 굳게 했고, 그 후 26년이 넘게 남편 대신 전 세계를 다니며 수많은 어려운 사람을 돕는 아름다운 삶으로 이끌었던 것이다.

참으로 놀라운 이야기이다. 그렇지 않은가? 그리고 이것은 고난에 대한 믿음의 반응이 어떤 결과를 가져오는지를 분명히 보여주는 아름다운 이야기이기도 하다. 이 이야기에 나오는 김복남 전도사의 남편은 우리와 완전히 다른 특별한 사람이 아니다. 고난 가운데 우리에게 가까이 다가오시는 주님을 바라보며 성령의 도우심 가운데 믿음으로 반응한다면 우리도 그와 같은 반응을 할 수 있을 것이다.

불가능이라고 여겨지는 순간에도 주님이 우리를 도와주시리라 믿는다. 그리고 그렇게 하면 우리는 김 전도사의 남편이 그랬던 것처럼 사람들에게 선한 영향을 줄 수 있을 것이다. 고난 가운데 오히려 별처럼 빛나게 될 것이리라!

1. 크리스천 리더로서 당신이 받은 고난 가운데 가장 기억에 남는 것은 무엇입니까? 왜 그렇습니까?

2. 고난받을 때 주님을 가까이 느끼며 그분의 도우심을 경험한 적이 있습니까? 어떠했는지 나누어 봅시다.

3. 고난과 위기 가운데서 자신의 영적 내공을 평가하거나 확인한 적이 있습니까? 어땠나요? 아울러 고난 가운데서도 흔들리지 않는 내공을 쌓기 위해 지금 할 수 있는 일은 무엇인지 말해 봅시다.

4. 고난의 경험을 통해 누군가에게 선한 영향을 끼친 적이 있다면 나누어 봅시다.

5. 결론에서 언급된 김복남 전도사 이야기를 통해 새롭게 깨달았거나 마음에 다가온 것이 있습니까? 나누어 봅시다.

08

Learn leadership in the Acts of the Apostles

성품, 리더의 기본

사도행전 11:24

나는 목사이고 교수이기 때문에 다른 교회의 집회나 세미나 같은 곳에 강사로 초청받는 경우가 종종 있다. 그러면 초청한 분이 강사인 나를 청중들에게 소개하는데 보통 현재 내 직책을 중심으로 소개를 한다. 어느 교회의 담임목사이며 어느 신학교의 교수라는 식이다.

그런데 가끔씩 어떤 분은 내 외모에 대해 언급하기도 한다. 키가 크다거나 훈남이라거나, 심지어 미남이라고 소개하는 분도 있다. 별로 잘생기지도 않은 나로서는 민망할 노릇이다. 그래도 나를 좋게 보고 어떻게든 잘 소개해 주려는 그 마음에 감사를 드린다. 그럼에도 불구하고 그런 소개는 도무지 편치 않다.

누군가가 나를 소개할 때 용모에 대해 말하기보다 성품(Character)에 대해 칭찬해 줄 수 있다면 얼마나 좋을까라는 생각을 하곤 한다. "이재기 목사님은 정말 훌륭한 성품의 소유자입니다. 제가 잘 아는데 저분은 정말 예수님 닮은 분입니다." 그렇게 누군가가 당당히 말해 줄 수 있는 성품을 내가 가지고 있다면 얼마나 좋겠는가?

성품은 외모만큼 잘 드러나지 않고 또 오늘날 사람들이 큰 관심을 기울이지도 않는 부분이다. 그러나 누군가에게 선한 영향을 끼치는 삶을 살기 원한다면 성품은 가장 기본적이고 필수적인 요소이다. 우리는 외모나 재능이 뛰어난 사람들을 좋아하고 그들에 대해 감탄하지만 그것 때문에 누군가를 존경하진 않는다.

조각을 빚어 놓은 듯 잘생긴 배우가 있다고 하자. 단지 그의 외모 때문에 그를 존경하는 사람이 있을까? 거의 없을 것이다. 또는 김연아 같은 운동선수의 경우도 마찬가지이다. 단지 그의 재능 때문에 존경하진 않는다.

그러나 성품(또는 인격)은 존경의 이유가 된다. 미국의 작가인 새무얼 스마일즈(Samuel Smiles)는 자신의 저서 『인격론』에서 "천재성은 감탄을 자아내지만 인격은 존경을 불러일으킨다."라고 했다. 사실 성품은 우리 인생 최고의 자산이다. 성품의 사람은 인생의 위기를 만나도 쓰러지지 않는다. 스마일즈는 같은 책에서 성품, 즉 인격의 가치에 대해 다음과 같이 썼다.

> 인격은 재산이다. 가장 고결한 재산이다. 인격은 사람들이 높고 긍정적으로 평가하는 재산이다. 인격에 투자하는 사람들은 세속적인 의미의 부자는 되지 못하더라도, 존경과 명성이라는 응분의 보상을 받게 될 것이다. (중략) 자신을 올바르게 평가하고 자신이 옳다고 생각하는 규칙들을 착실히 지켜 나가는 목적 있는 성실함은 인생에 있어 매우 효과적인 무기이다. 그것은 궤도를 이탈하지 않도록 도와주고, 힘과 자양분을 공급하며, 단호하게 행동하도록 독려한다.

그런데 그게 다가 아니다. 성품은 하나님께서도 귀하게 생각하시는 것이기 때문에 그리스도인에게 있어서 더욱 소중하다. 성품의 사람은 하나님의 주목을 받으며 그분과 친밀함을 누린다. 그분은 선지자 사무엘을 통해서 말씀하신 것처럼 우리의 외모를 보시지 않고 우리의 성품을 보신다.

다윗이 이스라엘의 왕으로 하나님께 쓰임을 받았던 것은 그의 재능이나 외적 조건만이 아니었다. 그의 성품 때문이었다. 성품이 하나님께 얼마나 중요하던지 성경은 그분이 우리의 성품을 변화시키기 위해 우리를 구원하셨다고 말한다. 로마서 8장 29절에 보면 하나님께서 우리를 선택하시고 구원하신 목적은 그 아들인 예수 그리스도의 형상을 본받게 하기 위해, 다시 말해 예수님의 성품을 닮게 만들려는 것임을 잘 알 수 있다.

리더십의 경우에는 또 어떨까? 조지 바나(George Barna)는 효과적인 리더십에 있어서 인격이 얼마나 중요한지를 자신의 저서『물 밖의 물고기』에서 이렇게 설명하고 있다.

> 인격은 리더를 만들거나 부순다. 왜냐하면 그것이 사람들에게 리더를 따라가지 않으면 안 되는 강력한 이유를 제공하거나 하지 않기 때문이다. 비전은 사람들의 관심을 끌고 사람들로 하여금 생각하게 만들며 그들을 흥분시킨다. 그러나 그 비전을 지탱할 인격을 리더가 가지고 있지 않다면 사람들은 회의적이 되고 다른 대안들을 찾을 것이다. 우리 모두는 만약 리더가 우리를 어디로 데려가는가를 알기 원한다면 미래의 계획에 대한 그의 공적인 서술보다는 그의 인격을 조사하는 것이 더 지혜롭다는 사실을 -종종 고통스런 경험들을 통해서- 배워 왔었다. (A. Fish Out of Water: 9 Strategies to Maximize Your God Given Leadership Potential, 97.)

그렇다. 인격, 즉 성품은 리더십의 기초이며 리더의 기본이다. 당신은 어떤가? 예수님 성품을 닮았는가? 예수님에게서 보이는 인격적,

성품적 자질을 가지고 있는가? 만약 우리가 그리스도인다운 성품을 가지고 있지 않다면 우리는 가정에서 자녀와 배우자에게 선한 영향을 끼치기 힘들 것이다. 성도들이나 세상 동료들로부터 존경받을 수 없을 것이다.

잠언 27장 17절은 "철이 철을 날카롭게 하는 것 같이 사람이 그의 친구의 얼굴을 빛나게 하느니라."(개역개정)라고 말씀한다. 결국은 사람이 사람에게 영향을 끼친다는 것이다. 우리는 예수님 닮은 성품을 가져야 한다. 그래야 선한 영향을 끼칠 수 있고, 그래야 문제와 고난이 많은 이 인생에서 승리할 수 있으며, 그래야 하나님께 쓰임받을 수 있고, 그래야 하나님께 영광을 돌릴 수 있다.

착한 사람, 바나바

사도행전 11장 24절에는 탁월한 성품을 지닌 한 사람에 대한 소개가 나온다. 바나바가 그 주인공이다. "바나바는 착한 사람이요, 성령과 믿음이 충만한 사람이었다. 그래서 많은 사람이 주님께로 나아왔다."(행 11:24) 누가는 바나바를 '착한 사람'이라고 묘사했다. 착한 사람이라는 이 말이 어떤 느낌을 주는가? 순둥이 같은, 안티 팬이라고는 없다는 국민MC처럼 생긴 이를 떠오르게 하는가?

그러나 여기서 착한 사람은 바나바의 기질을 묘사하는 것이 아니다. 이 단어는 그의 인격, 즉 성품을 묘사하는 단어이다. 여기서 '착한'

이라는 단어는 헬라어로 '아가토스(ἀγαθός, Agathos)'인데 그 의미는 '선함'이라는 뜻이다. 로마서 12장 21절에서 선으로 악을 이기라고 했을 때 바로 이 단어가 사용되었으며 성경에서 우리 주님을 묘사할 때도 종종 사용되었다.

따라서 바나바가 선한 사람이라는 말은 그가 악인(惡人)과 반대되는 선인(善人)이라는 뜻이다. 우리 주님처럼 선한 사람, 훌륭한 인격을 가진 좋은 사람이라는 뜻이다. 사실 누가는 누가복음과 사도행전 전체에서 오직 바나바에 대해서만 착한 사람이라는 표현을 쓰고 있다. 이 두 책에 얼마나 대단한 사람들이 많이 나오는가? 바울, 베드로, 야고보, 요한 다 영적인 거인들이다. 그런데 오직 바나바에 대해서만 착한 사람이라는 표현을 쓴 것이다. 그만큼 그의 성품이 훌륭했기 때문이리라.

바나바가 훌륭한 성품을 가진 것은 착한 사람이라는 표현에 뒤이어 나오는 묘사를 봐도 알 수 있다. 누가는 그가 성령과 믿음이 충만한 사람이라고 했다. 성령이 충만하다는 말은 성령의 다스림을 온전히 받는다는 뜻이다. 그러면 어떤 일이 일어날까? 사랑, 기쁨, 화평, 인내, 친절, 선함, 신실함, 온유, 절제와 같은 성령의 열매가 맺히지 않을까? 그 열매는 다 성품과 연관된 것이다.

혹자는 성령의 충만을 그저 능력과 연관해서만 생각한다. 이런 잘못된 생각은 우리로 하여금 더욱 예수님을 닮아 가도록 변화시키시는 성령의 주된 사역과 성령의 인격성을 소홀히 여긴 데에 기인한다. 과거에 몇몇 부흥사들과 극단적 은사주의 교사들은 이런 생각을 더욱 부채질했다.

그들은 성령에 대해서 많은 말을 하고, 스스로를 '능력의 종'이라고 내세우지만 성령의 열매를 잘 드러내지 못했다. 성령의 능력으로 사역한다고 하면서 거칠게 말하고 함부로 행하였다. 물론 성령으로 충만할 때 우리는 능력을 받는다. 그러나 동시에 우리는 성령의 열매를 드러내며 더욱 성숙한 성품의 사람이 된다. 능력과 열매는 성령 충만을 통해 동시에 드러나는 두 가지 결과이지 서로 완전히 분리된 어떤 것이 아니다.

또한 믿음이 충만하다는 말도 그렇다. 그것은 하나님을 온전히 신뢰한다는 뜻이다. 어떤 상황에서건 하나님을 신뢰하는 그 자체가 성품적 자질이다. 그리고 하나님을 온전히 신뢰하는 사람은 용기와 열정과 겸손과 소망과 불굴의 태도를 갖고 산다. 그것 또한 성품적인 자질이다.

아브라함을 보라. 요셉을 보라. 그리고 바울을 보라. 그들은 믿음이 충만한 사람들이었다. 그 충만한 믿음이 그들을 더 탁월한 성품의 사람이 되도록 도왔다. 바나바의 경우도 마찬가지다. 성령 충만, 믿음 충만한 바나바는 그리스도인다운 성품을 지닌 사람이었다.

바나바의 인격적 자질

앞서 바나바를 소개하며 했던 말들을 기억하는가? 그에 대한 이야기는 사도행전 4장, 9장, 11장, 13-15장에 걸쳐 나오며 등장할 때마다 사람을 세우는 일을 했다. 그런 바나바의 이야기를 살펴보면 그가 한 일과 더불어 그의 성품적 면면을 동시에 알 수 있다.

4장에서 그가 다른 사람들의 필요를 위해 밭을 내놓은 이야기는 이타적이며 관대한 성품을 보여준다. 그는 마음이 넓고 후한 사람이었다. 아무도 믿지 않고 두려워했던 과거의 박해자 사울을 믿고 받아 준 9장의 이야기는 그의 용기를 보여준다. 그런 일은 용기가 없으면 하기 힘들다. 11장에서 새롭게 예수님을 믿은 안디옥 사람들을 하나로 모아 공동체를 형성시키고 다소까지 가서 사울을 데리고 와 1년 동안 지속적으로 가르친 이야기는 그의 열정을 보여준다.

13장에 가면 바나바는 바울과 함께 안디옥 교회에서 선교사로 파송이 된다. 그런데 선교 여행 중에 선교팀의 리더십이 바뀌게 된다. 사실 바나바는 안디옥 교회의 탑 리더였다. 말하자면 일종의 담임목사 같은 사람이었다. 성경은 안디옥 교회 지도자들을 이렇게 묘사한다. "안디옥 교회에 예언자들과 교사들이 있었는데, 그들은 바나바와 니게르라고 하는 시므온과, 구레네 사람 루기오와 분봉왕 헤롯과 더불어 어릴 때부터 함께 자란 마나엔과 사울이다."(행 13:1) 누가 가장 먼저 나오는가? 바나바다. 누가 가장 끝에 나오는가? 사울, 즉 바울이다.

성경에서 이름의 순서는 가나다순이나 연장자 순서가 아니다. 아무 의미 없이 나열된 것이 아니라는 말이다. 그 순서는 중요성과 리더십을 나타낸다. 예수님의 열두 제자 목록을 보면 이를 잘 알 수 있다. 언제나 베드로가 가장 먼저 나오고 가룟 유다가 가장 끝에 나온다. 여기서 바나바가 맨 처음에 나온 것은 그가 이 교회에서 가장 중요한 지도자임을 말해 준다.

그런 담임목사가 신참 전도사 같은 사울을 데리고 선교 여행을 떠난다. 당연히 다음 구절에서 보듯 바나바 다음에 사울이 나온다. "바나바와 사울은, 성령이 가라고 보내시므로, 실루기아로 내려가서, 거기에서 배를 타고 키프로스로 건너갔다(행 13:4)."

그런데 선교 여행의 어느 시점에서 리더십이 바뀐다. 누가의 표현을 보라. "회중이 흩어진 뒤에도, 유대 사람들과 경건한 개종자들이 바울과 바나바를 많이 따랐다. 바울과 바나바는 그들에게 말을 걸면서, 늘 하나님의 은혜에 머물러 있으라고 권하였다."(행 13:43)

이렇게 순서가 바뀐 건 그동안 바울의 역할과 역량이 커졌기 때문이기도 하지만 바나바의 자발적인 양보 없이는 불가능한 일이다. 생각해 보라. 어느 교회 전도사가 너무 많이 성장하고 잘해서 누가 봐도 담임목사 감이라고 해 보자. 그렇다고 담임목사가 버티고 있는데 저절로 그와 전도사의 위치가 뒤바뀌겠는가? 그렇지 않다.

그렇게 될 수 있는 유일한 방법은 담임목사가 스스로 자리를 내려놓고 전도사를 세워 주는 것이다. 바나바는 자리에 연연하지 않고 주님의 뜻에 따라 기꺼이 자기 위치를 내려놓을 수 있는 그런 사람이었다. 그 말은 그가 정말 겸손한 성품의 사람이라는 뜻이다.

하나만 더 살펴보도록 하자. 15장에 가면 바울과 바나바가 2차 선교 여행을 떠나려는 장면이 나온다. 그때 그들은 마가 요한이라는 사람 때문에 서로 다툰다. 이 사람은 1차 선교 여행 때 함께 나섰다가 중도에 낙오한 실패자이다. 바울은 이 사람을 다시 데려가서는 안 된다고 주장한다. 아마 전체 선교팀의 사기를 고려해서 그랬을 것이다. 그러나 바나바는 한 번 더 기회를 주자고 했다.

이 때문에 두 사람은 갈라서게 되었고 바나바는 마가 요한에게 새로운 기회를 주었다. "그래서 그들은 심하게 다툰 끝에, 서로 갈라서고 말았다. 바나바는 마가를 데리고, 배를 타고 키프로스로 떠나갔다."(행 15:39) 바나바의 이 호의로 인해 마가는 실패를 딛고 다시 일어설 수 있었다.

후일 바울은 로마의 감옥에 갇히게 되었을 때 마가가 자신의 일에 요긴한 사역자라며 마가를 자신에게 보내 달라고 디모데에게 부탁을 한다. 그는 온전히 회복되었고 마가복음이라는 복음서를 기록하는 위대한 일에 쓰임받는다.

실패자에게 손을 내미는 바나바의 사역이 없었다면 마가는 그런 회복의 은혜를 경험하기 힘들었을 것이다. 여기서 바나바는 실패자 베드로에게 두 번째 기회를 주신 우리 주님의 성품을 드러낸다. 그는 긍휼과 자비의 성품을 가진 사람이었다.

충만한 사람이었다. 그래서

우리가 지금까지 살펴본 바나바에 대한 사도행전 이야기는 바나바가 착한 사람이라는 말이 그저 순둥이 같은, 우리가 소위 기질적으로 착하다고 하는 그런 의미가 아니라는 것을 잘 보여준다. 그것은 그가 예수님 닮은 탁월한 성품의 사람임을 묘사하는 표현이었다.

그는 이타심과 관대함, 용기와 열정, 겸손과 긍휼, 자비 등의 인격적 자질을 지닌 크리스천 리더였다. 그런 그에게 어떤 일이 있었나? 사도행전 11장 24절을 다시 보자. "바나바는 착한 사람이요, 성령과 믿음이 충만한 사람이었다. 그래서 많은 사람이 주님께로 나아왔다." 이 구절은 바나바의 사람됨과 그 사역의 열매를 분명하게 연결시키고 있다.

그가 착한 사람, 성령과 믿음이 충만한 사람이어서, 그래서 많은 사람의 회심이라는 결실을 거둘 수 있었다는 것이다. 다시 말해 많은 사람이 주님께 나아올 수 있었던 것은 바나바가 탁월한 인격과 믿음의 사람이었기 때문이라는 말이다.

이는 하나님께서 성품의 사람을 쓰신다는 것과 성품이 우리로 하여금 다른 사람들에게 선한 영향을 끼치게 만듦을 분명히 가르쳐 준다. 성경의 다른 예를 통해서도 어렵지 않게 발견할 수 있다.

하나님께서 사울을 대신할 이스라엘의 왕을 뽑으실 때이다. 사무엘은 하나님의 명을 받아 베들레헴 이새의 집에 갔다. 거기서 사무엘은 이새의 큰아들 엘리압의 외모에 큰 인상을 받고 그가 다음 왕이 될 사람이라고 거의 확신했다. 그런 선지자의 생각을 바로잡아 주기 위해 하나님께서 사무엘에게 하신 말씀은 그분이 어떤 사람을 쓰시는지 분명히 알려 준다.

⁷그러나 주님께서 사무엘에게 이르셨다. "너는 그의 준수한 겉모습과 큰 키만을 보아서는 안 된다. 그는 내가 세운 사람이 아니다. 나는 사람이 판단하는 것처럼 그렇게 판단하지는 않는다. 사람은 겉모습만을 따라 판단하지만, 나 주는 중심을 본다. (삼상 16:7)

하나님은 외모나 외적인 자격을 보는 것이 아니라 중심, 곧 그의 내면에 자리하고 있는 성품을 보신다. 그래서 그분은 당시 들에서 양을 치던 목동에 불과했던 10대 소년 다윗을 왕으로 선택하신 것이다. 그의 중심, 곧 그의 성품을 보셨기 때문이다.

나는 하나님께서 귀하게 쓰신 사람들의 전기를 읽기 좋아하는데 그것들을 읽으면서 종종 그 사람들의 성품에 깊은 감동을 받곤 한다. 20세기에 하나님께서 가장 위대하게 쓰셨던 부흥사 빌리 그레이엄 (Billy Graham)의 전기를 읽으면서도 그런 느낌을 받았다. 그는 처음 사역을 시작했을 때 함께 했던 핵심 그룹과 끝까지 동역했던 것으로 유명하다.

그들은 빌리 그레이엄을 떠나지 않았고 심지어 같은 동네에 모여 살기까지 했다. 그것 하나만 봐도 그가 어떤 사람인지를 우리는 짐작할 수 있다. 그의 자서전 『내 모습 이대로(Just As I Am)』가 출간된 후, 「크리스차니티투데이」라는 기독교 잡지에 실린 서평을 읽은 적이 있다. 그 글의 필자는 빌리 그레이엄의 생애를 보면서 그가 하나님께 쓰임받고 영향력을 끼칠 수 있었던 세 가지 비결을 밝혔다. 그것은 바로 겸손과 성실성과 기도였다. 그 세 가지 다 성품과 연관된 자질이다.

하나님께서 성품의 사람을 쓰신다는 말은 그러나 완벽한 사람을 쓰신다는 뜻이 아니다. 다윗도, 빌리 그레이엄도, 이 세상의 그 누구도 완벽하지 않다. 사실 모든 것은 하나님의 은혜다. 은혜가 아니라면 누가 감히 하나님께 쓰임받겠는가?

그럼에도 불구하고 하나님의 관심은 우리의 외적 조건이 아니라 성품에 있음을 우리는 반드시 기억해야 한다. 비록 완벽하지 않더라도, 잘못과 실패와 연약함을 정직하게 인정하며 -그것도 사실은 성품이다- 하나님 보시기에 합당한 성품 계발을 위해 노력한다면 그런 우리를 하나님은 외면하지 않으실 것이다.

무엇보다 신경 써야 할 것

하나님 나라의 사역과 영향력 있는 삶에서 성품이 이처럼 중요하다면 우리는 성품 계발에 그 어떤 것보다 신경을 써야 한다. 그런데 요즘 세상 풍조는 그렇게 하는 것을 정말 어렵게 만든다. 세상은 성품보다 외모를 훨씬 더 부각시키기 때문이다.

TV 광고를 보라. 화장품과 옷과 외모에 관련된 광고가 얼마나 많이 나오는지 모른다. 얼마나 많은 돈이 외모를 꾸미는데 투자되는지 입이 떡 벌어질 지경이다. 우리나라 한 해 화장품 시장 규모가 얼마인 줄 아는가? 무려 12조 6천억 원이다. 놀랍지 않은가? 누가 우스갯소리로 말한 것처럼 여자들이 얼굴에 1밀리미터만 얇게 발라도 세계의 기아 문제가 해결될 수 있지 않을까?

요즘은 여자들만이 아니다. 남자들도 외모 치장에 엄청나게 투자를 한다. 화장은 기본이고, 면접 보기 전에 성형하는 이들도 점점 늘어 간다고 한다. 외모가 영향을 미친다고 믿기 때문이다.

나는 외모를 꾸미는 것에 반대하지 않는다. 내가 말하고자 하는 것은 외모에 집중된 사회 분위기 때문에 성품의 중요성을 간과하게 되고, 상대적으로 성품의 함양에 투자하지 않을 수 있다는 것이다.

성품의 계발을 위해 어떤 노력을 하는가? 예수 그리스도 성품을 본받기 위해 무엇을 하는가? 어떤 투자를 하는가? 우리가 주님 닮은 성품의 사람이 된다면, 바나바처럼 착한 사람, 성령과 믿음이 충만한 리더가 된다면 우리는 가족과 교회 성도들, 비그리스도인 동료들과 친구들에게 훨씬 선한 영향을 미칠 수 있을 것이다.

신학교 다닐 때 들었던 말 중에 잊히지 않는 말이 있는데 바로 다음의 문구이다. "당신은 당신이 아는 것을 가르칠 수 있지만 당신과 같은 사람을 재생산할 것이다.(You can teach what you know but you reproduce what you are.)" 정신을 번쩍 들게 하는 말이다. 결국은 나의 지식이 아니라 사람 됨됨이가 내 삶과 사역의 결과로 나타날 것이라는 뜻이다.

부모로서 내 자녀에게 전수되는 것은 내가 하는 말이 아니라 나의 사람 됨됨이, 나의 성품이다. 교역자로서, 목자로서, 교사로서, 사역자로서도 마찬가지이다. 이런 것을 생각하면 신학교의 교수로서, 한 교회의 담임목사로서 정말 무거운 책임감을 느끼게 된다. 성품의 중요성을 인식하고 그것의 계발을 위해 노력하도록 하자. 우리의 자녀들도 공부만 잘하는, 또는 출세만 꾀하는 그런 사람이 아니라 성품의 사람으로 양육하도록 하자.

앤디 스탠리(Andy Stanley)는 『성품은 말보다 더 크게 말한다』는 훌륭한 책에서 성품을 이렇게 정의한다. "성품이란 일신상에 어떤 대가가 따르더라도 하나님 기준의 옳은 길을 가려는 의지다." 비록 대가를 지불해야 하더라도, 비록 손해를 보더라도 그게 하나님 기준의 옳은 길이라면 그렇게 하고자 하는 것이 성품이라고 했다.

언젠가 신학교의 한 학생이 밤 시간에 내 연구실을 찾아왔다. 그는 떨리는 목소리로 고백할 것이 있다고 했다. 뭐냐고 물었더니 지나간 학기에 내가 가르치는 수업을 들었는데 과제 보고서를 거짓으로 했다고 답을 했다. 책 한 권을 기한 내에 덜 읽었는데 일단 보고부터 하고 못 읽은 부분은 방학 때 읽으려고 생각했다는 것이다. 그런데 여러 가지 일이 많아 결국 다 읽지도 못한 채 방학은 지나갔고 새 학기가 되었는데 그대로 있어서는 안 되겠다는 생각이 들어서 부끄럽지만 찾아왔다고 했다.

그가 말을 하지 않았다면 나는 그 사실을 몰랐을 것이며 그는 자신의 체면과 학점을 유지할 수 있었을 것이다. 그러나 하나님 기준의 옳은 일은 그 잘못을 솔직히 고백하고 그 결과를 감수하면서 용서를 구하는 일이다. 그 학생이 교수인 내 방에 오기까지 얼마나 힘들었을까? 많은 염려와 두려움이 있지 않았을까? 그러나 그 모든 염려 가운데서 그는 일신상에 대가가 따르더라도 하나님 기준의 옳은 길을 가기 위해 내게 찾아 와 솔직히 잘못을 고백하고 용서를 받았다.

여기에는 정직성과 용기와 겸손함이 포함되어 있다. 학생이지만 존경심이 들었다. 이렇게 일신상의 대가에도 불구하고 하나님 기준의 옳은 길을 가려는 의지가 인격이요 성품이라는 말이다. 만약 이것이 성품이라면 우리는 성품을 계발하기 위해 먼저 하나님의 기준이 무엇인지부터 알아야 한다.

성경의 읽기와 암송과 묵상과 공부를 통해, 그리고 소그룹 안에서의 말씀 나눔과 교제와 상호작용을 통해 하나님 기준의 옳은 길을 배우고 그것을 내면화시켜야 한다. 그리고 그동안 내 안에 들어온 잘못된 것들, 미디어와 세상의 관습 등을 통해 습득된 거짓말들, 나도 모르게 나를 움직이는 세상의 원리들을 하나하나 확인하고 그게 진짜 맞는 것인지, 성경적인 것인지 평가하여 하나님 기준의 옳은 것으로 바꾸어야 한다. '안 들키면 괜찮아! 누구든 그 정도 잘못은 해! 긁어 부스럼 만들지 마!'와 같은 세상의 원리를 하나님 말씀의 기준으로 바꾸어야 한다.

그게 바로 바울이 로마서 12장 2절에서 권면한 것이다. "여러분은 이 시대의 풍조를 본받지 말고, 마음을 새롭게 함으로 변화를 받아서, 하나님의 선하시고 기뻐하시고 완전하신 뜻이 무엇인지를 분별하도록 하십시오." 말씀 공부와 성령의 사역을 통해 우리는 옛 것들, 잘못된 것들, 세상 것들을 벗어 버리고 하나님의 기준으로 마음을 새롭게 해야 한다. 그 과정을 계속해서 해 나가며 성령의 다스림과 주님의 도움을 구해야 한다.

또 하나 제안하고 싶은 것은 작은 일부터 하나님 기준의 옳은 길을 가는 연습을 해야 한다는 것이다. 언젠가 토요일 점심 때 아내가 교역자들의 식사를 위해 밥버거라는 간단한 먹거리를 사 온 적이 있었다. 아내는 음식과 거스름돈을 받아 교회로 왔다. 식사를 하고 거스름돈을 챙기면서 자신이 거스름돈을 더 많이 받아 온 사실을 알게 되었다. 아마 여러 개를 주문하는 과정에서 점원이 착오를 한 모양이었다.

그래봤자 돈 액수는 그리 많지 않았지만 아내는 그걸 돌려주기 위해 다시 식당으로 갔다. 자신의 잘못이 아니었고 별로 큰 액수도 아닌데 그걸 돌려주기 위해 귀찮음을 무릅쓰고 굳이 그렇게까지 해야 하나 하는 생각이 들 수 있다. 그러나 작은 일부터 그렇게 할 때 더 크고 중한 상황에서도 하나님 기준의 옳은 길을 선택할 수 있다. 그리고 그런 식으로 훈련할 때 우리는 점점 주님 닮은 성품으로 변해 갈 수 있을 것이다.

월척을 놓아주고 더 큰 것을 낚다

내가 좋아하는 고든 맥도날드(Gordon MacDonald)의 저서 가운데 『남자는 무슨 생각을 하며 사는가』라는 흥미로운 책이 있다. 그 책에 보면 제임스 렘페스티라는 뉴욕 건축가 이야기가 나온다.

그는 열한 살 때 아버지와 함께 뉴햄프셔 주에 있는 호숫가에 밤낚시를 갔다. 합법적 바스 낚시철이 시작되기 바로 전날 밤이었다. 갑자기 그의 낚싯대가 거의 5cm 정도 밑으로 휘어졌다. 큰 게 물린 것이다. 고기는 호락호락하지 않았다. 아버지는 어린 아들이 용감하게 싸워 결국 탈진한 고기를 물속에서 끌어 올리는 모습을 대견스레 지켜보았다.

고기는 자신이 본 것 중 가장 큰 것이었지만 불행히도 배스였다. 아버지는 시계를 보았다. 배스 낚시가 허용되기 두 시간 전인 밤 10시였다. 겨우 두 시간이었다. 사람에 따라선 고기가 잡힌 시간이 법적 허용 시간과 별 차이 없다고 결론짓고 대충 넘길 수 있는 순간이었다.

그러나 렘페스티의 아버지는 그렇지 않았다. "얘, 고기를 도로 놓아주어라." 아들이 아무리 완강히 거부해도 고기를 도로 놓아주어야 한다는 아버지의 뜻은 변함없었다. 아들은 누가 보고 있는지 주변을 둘러보았다. 아무도 없었다. 그래도 아버지는 요지부동이었다. 토라진 어린 아들은 다시는 이렇게 큰 고기를 볼 수 없을 거라고 불평을 하며 고기를 물속으로 던져 넣었다.

렘페스티는 그 사건이 당시는 받아들이기 힘들었지만 평생에 영향을 주었다고 고백했다. 아무도 보고 있지 않을 때도 제대로 할 수 있도록, 설계도를 기간 안에 넘기기 위해 부당한 지름길을 택하는 것을 거부할 수 있도록 자신에게 영향을 주었다는 것이다. 그가 존경받는 건축가로 살 수 있게 해 준 것은 바로 일신상의 대가가 따르더라도 하나님 기준의 옳은 길을 가려는 아버지의 성품이었다. 렘페스티는 월척을 놓아주었지만 그 과정에서 진짜 인생의 월척을 낚은 것이다.

외모보다 성품 계발에 헌신하자. 리더에게 그것은 건축물의 기초와도 같다. 거기서 안정과 정서적 활력이 나온다. 거기서 건강한 자존감이 나온다. 거기서 인생의 참된 성공과 영향력이 나온다. 거기서 하나님의 미소가 번져 나가고 리더십의 높이가 결정된다. 사람들은 우리 재능이나 학식 때문에 영향을 받지 않는다. 우리의 직위나 외적 조건이 사람들을 깊이 감동시키거나 그들의 존경심을 불러일으키지 않는다.

주님 닮은 성품이 내 자녀와 배우자와 교회 학교 학생들과 그룹원들을 참으로 변화시킬 수 있다. 나의 말이 아니라 내 성품이 그들 속에 재현된다. 그러므로 말씀과 성령으로 마음을 새롭게 하는 가운데 하나님의 도우심을 구하자. 주님만이 참으로 내 인격과 성품을 빚으실 수 있다. 우리는 주님께서 나와 내 가족들을 성품의 사람으로, 예수님 닮은 인격자로 빚어 주시도록, 그래서 영향력 있는 삶으로 이끌어 주시도록 간구해야 한다.

1. 인격은 리더십의 기초라는 말에 동의합니까? 왜 그렇다고 생각합니까? 만약 인격이 리더십의 기초라면 당신은 어떻게 해야 할까요?

2. 사도행전에 나타난 바나바의 인격적 자질(관대함, 용기, 열정, 겸손, 긍휼) 가운데 당신에게 가장 필요한 것은 무엇입니까? 어떻게 그런 자질을 더 잘 계발할 수 있을까요?

3. 하나님은 완벽한 사람이 아니라 성품의 사람을 쓰신다는 말이 우리에게 주는 교훈은 무엇입니까? 그 말은 우리에게 어떻게 하기를 요구하나요?

4. 앤디 스탠리는 『성품은 말보다 더 크게 말한다』에서 인격을 '일신상에 어떤 대가가 따르더라도 하나님 기준의 옳은 길을 가려는 의지'로 정의합니다. 이 정의에 의하면 인격을 계발하기 위해 우리는 하나님의 기준이 무엇인지 알아야 하고 그 기준의 옳은 길을 가는 연습해야 합니다. 이 두 가지 측면에서 자신이 할 수 있는 일을 구체적으로 나누어 봅시다.

Learn leadership in the Acts of the Apostles

영적 전쟁에서의 승리, 리더의 싸움

사도행전 16:16-24

리더와 싸움이라는 말은 일견 조화가 잘 안 되는 것처럼 보인다. 그러나 리더는 좋든 싫든 싸움과 무관한 삶을 살 수 없다. 일단 리더는 자기 팀이나 팔로워들의 선봉에 서서 싸움을 이끌어야 한다.

군대의 장수나 지휘관들을 떠올리면 가장 쉽게 이해가 되리라. 알프스를 넘었던 고대의 한니발 장군에서부터 열두 척의 배로 10배가 넘는 왜적을 물리친 이순신 장군, 그리고 인천상륙작전을 성공적으로 이끈 맥아더 장군에 이르기까지 이 모든 군대의 리더들은 전쟁, 즉 싸움의 리더들이다.

물론 그들만이 아니다. 스포츠팀 리더인 감독과 코치들은 자기 팀이 상대 팀과의 싸움에서 이길 수 있도록 동기를 부여하고 훈련을 시키며 전략을 짜는 등의 일을 한다. 기업이나 회사, 각종 사업체 리더들 또한 경쟁사와의 싸움에서 이기는 일에 전적으로 헌신한다. 정치적 리더들 또한 다른 정당이나 다른 나라와의 싸움을 승리로 이끌어야 하는 임무를 지고 있다.

이와 같은 싸움과 함께 리더들이 반드시 싸워야 할 싸움이 있는데 그것은 바로 자신과의 싸움이다. 리더는 자신의 욕심과 이기심과 자기에게 닥친 다양한 유혹과 싸워야 한다. 만약 이 싸움에서 진다면 아무리 재능이 많고 능력이 뛰어나다 하더라도, 아무리 카리스마가 넘친다 하더라도 그는 영향력 있는 리더가 될 수 없다. 리더는 다른 사람 또는 다른 팀과 싸우기 전에 자신과 싸워 이겨야 한다.

그런가 하면 예수 그리스도를 따르는 크리스천 리더라면 누구도 예외 없이 직면해야 하는 싸움이 있다. 사실은 영향력 있는 삶을 원하는 모든 크리스천의 경우도 마찬가지이다. 그게 무엇일까? 그것은 바로 영적인 싸움, 즉 영적 전쟁이다.

사도 바울은 에베소서 6장 12절에서 그 싸움을 이렇게 정의한다. "우리의 싸움은 인간을 적대자로 상대하는 것이 아니라, 통치자들과 권세자들과 이 어두운 세계의 지배자들과 하늘에 있는 악한 영들을 상대로 하는 것입니다." 사람과 싸우는 것이 아니라 사탄과 그를 따르는 악한 영들과의 싸움이 크리스천 리더가 싸워야 할 영적 싸움이라는 것이다. 그러면서 그는 하나님이 주시는 무기, 즉 하나님의 전신갑주(全身甲冑)로 무장하고 굳게 서서 맞서 싸우라고 했다.

리더는 자신이 이 영적 싸움에서 이겨야 할 뿐 아니라 자신의 팔로워들도 이기도록 도와야 한다. 이 과업은 결코 쉬운 일이 아니다. 우리는 종종 자신이 싸움에 들어가 있는 줄도 모른 채 당하는 경우도 적지 않다. 설사 안다고 해도 상대는 결코 만만하지 않다. 아니 너무 강하다. 우리는 어떻게 영적 전쟁에서 이길 수 있을까?

사도행전 16장 16절에서 24절은 에베소서에서 영적 전쟁에 대해 권면했던 사도 바울이 자신의 2차 선교 여행의 현장 가운데서 직접 그 싸움을 싸우는 장면을 생생하게 묘사하고 있다. 우리는 그 이야기를 통해 크리스천 리더가 어떻게 영적 전쟁에서 이길 수 있는지에 대한 훌륭한 교훈을 얻을 수 있다. 바울과 그의 팀은 어떻게 이 싸움을 싸웠을까?

전도자, 귀신을 만나다

사도행전 16장에서 바울은 지금 자기 선교팀과 함께 빌립보에 있다. 빌립보는 그리스 북동부 해안가에 위치한 도시인데 당시는 마케도니아의 으뜸가는 도시였다. 그 도시에는 유대인 회당이 없어 선교팀은 기도처를 찾다가 강가에서 루디아라는 여성 사업가를 만나 그에게 복음을 전했고 그 가족의 회심으로 교회를 세우게 된다. 유럽 최초의 교회가 세워진 것이다. 루디아의 집은 선교사들의 거처와 빌립보교회의 예배 처소가 되었다.

16절부터는 그곳에서 일어난 바울의 다음 이야기를 전해 주고 있다. 그와 선교팀은 어느 날 기도하는 곳으로 가다가 한 귀신들린 여종을 만났는데 누가는 그녀가 "점을 쳐서, 주인들에게 큰 돈벌이를 해 주는 여자였다."(행 16:16)고 말한다. 그 여종은 귀신의 능력으로 점을 치는 소녀였는데 점괘가 잘 맞았던 모양이다. 사람들이 용하다고 선전을 했고 손님이 많이 찾아왔다. 주인의 돈벌이에 이 여종은 아주 그만이었다. 주인에겐 황금 알을 낳는 거위와 같은 존재였다.

바울을 만난 이 여종은 놀랍게도 바울의 정체를 바로 알아보았다. 귀신의 능력으로 그랬을 것이다. 예수님에게도 비슷한 일이 있었다. 복음서에 보면 사람들이 예수님을 몰라봤을 때도 귀신들린 사람들은 알아보았다.

여기서도 마찬가지다. 그래서 계속 바울과 그 팀을 따라다니면서 큰소리로 이렇게 외쳤다. "이 사람들은 지극히 높으신 하나님의 종들인데, 여러분에게 구원의 길을 전하고 있다."(행 16:17) 여러 날을 계속 그렇게 하니까 바울은 너무 괴로웠다. 전도의 좋은 홍보 수단인데 어째서 그러느냐고 생각할지 모른다. 그러나 바울은 이를 중단시켰다. 귀신들린 여종의 외침이 복음 자체보다 더 사람들의 관심을 끌었기 때문이었으리라.

바울은 며칠째 자기를 따라다니는 그녀를 향해 돌아섰다. 그러고는 그 여종이 아닌 귀신에게 이렇게 명했다. "내가 예수 그리스도의 이름으로 네게 명하니, 이 여자에게서 나오라."(행 16:18) 누가는 그 명령과 함께 바로 그 순간에 귀신이 나왔다고 보고한다. 어떤 주석가들은 그 여종이 즉시로 그리스도인이 되어 빌립보 교회의 일원이 되었을 것이라고 말한다. 그럴 가능성이 많지만 누가는 거기에 대해선 언급하지 않는다.

누가의 관심은 그 축귀(逐鬼) 결과로 바울과 실라에게 일어난 일에 있었다. 예수님이 귀신 들린 사람을 구하면서 절벽으로 몰아낸 돼지 떼의 주인들처럼 이 여종의 주인들은 수입원의 상실에 분노했다.

그들은 바울과 실라를 잡아가지고 광장으로 끌고 갔다. 그러고는 그들을 치안관들 앞에 세워 놓고 불법적인 종교 전파와 그로 인한 로마의 평화 훼손을 이유로 고소했다. 특별히 그들은 이들이 유대인들이라면서 인종적 편견까지 자극했다.

그들의 고소 내용을 들어보라. "이 사람들은 유대 사람들인데, 우리 도시를 소란하게 하고 있습니다. 이 사람들은 로마 시민인 우리로서는, 받아들일 수도 없고 실천할 수도 없는, 부당한 풍속을 선전하고

있습니다."(행 16:20-21)

군중들이 가세했고 치안관들은 바울과 실라의 옷을 찢어 벗기고 매로 치라고 했다. 당시 최고 국가였던 로마의 정의가 이 정도밖에 안 되었다. 재판도 청문도 자기를 변호할 기회도 없이 그들은 매를 맞고 발은 차꼬에 채인 채 깊은 옥에 감금되었다. 이들을 단단히 지키라는 명을 받은 간수가 그들을 지키고 있었다.

한 사람을 귀신의 굴레에서 자유롭게 한 대가로 그들은 매를 맞고 옥에 갇힌 것이다. 얼마나 기가 막힐 노릇인가? 하나님을 원망하고 실족할 일이다. 그러나 바울은 그렇게 하지 않았고 기도와 찬양으로 이 전쟁에서 승리한다. 누가의 기록을 직접 읽어 보라.

> [25]한밤쯤 되어서 바울과 실라가 기도하면서 하나님을 찬양하는 노래를 부르고 있는데, 죄수들이 듣고 있었다. [26]그 때에 갑자기 큰 지진이 일어나서, 감옥의 터전이 흔들렸다. 그리고 곧 문이 모두 열리고, 모든 죄수의 수갑이며 차꼬가 풀렸다. (행 16:25-26)

하나님이 땅을 흔드신 것이다. 그 다음 이야기는 웬만큼 교회를 다닌 사람들에겐 상당히 친숙하리라. 간수는 죄수들이 도망친 걸로 알고 자결하려 했으나 바울은 그를 안심시킨 후 그와 그 가족들에게 복음을 전하여 그들을 주님께로 인도한다. 빌립보 교회에 또 다른 멤버들이 더해지는 경사가 일어났다. 이 이야기가 영적 전쟁에서 승리하기 원하는 우리에게 주는 교훈은 무엇일까?

속임수 간파하기

예수님은 마귀가 거짓의 아버지라고 하셨다. 마귀는 수많은 거짓말로 사람들을 미혹한다. 그는 그야말로 가짜 뉴스의 원조이다. 다음은 그가 퍼뜨린 거짓말의 몇 가지 예이다.

- 우주는 저절로 생겼고 사람은 자연 진화의 산물이다.
- 눈에 보이는 세상이 다이다.
- 죽으면 끝이다. 천국도 지옥도 심판도 하나님도 없다.
- 인간은 스스로 구원할 수 있다.
- 착하게 살면 천당 간다.
- 종교는 다 똑같다.
- 이 땅에서 출세하면 성공한 인생이다.
- 아무도 너를 사랑하지 않는다.

이 모든 거짓말은 다 마귀가 지어낸 것이다. 마귀는 이렇게 거짓말로 우리를 미혹할 뿐 아니라 변장과 속임수로 우리를 미혹한다. 바울은 사탄이 자기를 광명의 천사로 가장한다고도 했다. 우리는 그림이나 영화 등에서 머리에 뿔이 나고 손에 삼지창을 든 흉악한 인상의 마귀를 본다. 마귀가 진짜 그렇게 생겼는지는 모르겠지만 만약 마귀가 그런 식으로 접근하면 누구도 미혹되지 않을 것이다.

마귀는 변장한다. 본모습을 감추고 원래 의도를 숨기고 천사처럼 매력적으로 우리에게 다가온다. 그래서 이 싸움이 어려운 것이다. 우리는 종종 자기도 모르는 사이에 상대에게 말려들어 간다.

목회자나 리더들 가운데 죄로 넘어지는 사람들이 있는데 그 사람들이 '내가 죄를 지어 넘어지리라! 한번 크게 사고 치리라!' 그렇게 결심하고 하는 사람들이 있을까? 다 방심하고 정신 차리지 않고 있다가 변장한 모습의 마귀에게 자기도 모르는 사이 끌려 들어가 당하는 것이다.

바울의 빌립보 선교 이야기에도 마귀의 속임수는 빠지지 않는다. 여종이 바울과 실라를 하나님의 종이라고 하면서 다음의 말을 했을 때 그것은 맞는 말이었고 아주 좋게 들리기도 했을 것이다. "이 사람들은 지극히 높으신 하나님의 종들인데, 여러분에게 구원의 길을 전하고 있다!"(행 16:17) '아멘' 해야 될 말 아닌가? 이게 마귀가 하는 말처럼 들리는가? 오히려 천사나 또는 목사가 하는 말 같다. 그렇지 않은가? 그러나 이것은 속임수였다. 마귀의 전략은 그렇게 함으로써 복음에 쏠린 관심을 빼앗기 원했던 것이다.

우리는 분별력을 가져야 한다. 어떤 길은 사람의 보기에 바르나 필경은 사망의 길이라고 잠언을 쓴 지혜자는 말한다. 이단이나 거짓 교사가 하는 말이 다 틀린 말은 아니다. 이단(異端)은 끝이 다르다는 뜻이다. 처음에는 너무나 지당한 말처럼 들릴 수 있다. 영화나 TV 같은 데서 보고 듣거나 책에서 읽는 이야기의 경우도 마찬가지다.

예를 들어 몇 년 전 히트한 〈겨울왕국〉 같은 영화를 보면 가족애가 감동적으로 그려지고 마법에 갇힌 나라를 사랑의 힘으로 해방시키는 등 무척 괜찮은 메시지가 있는 영화인 것 같다. 그렇지만 그 안에 정령 신앙과 기독교 구원론에 대한 비판 같은 게 숨어 있음을 우리를 알 아차려야 한다.

신학자이자 기독교 변증가 팀 켈러(Timothy J. Keller)는 '렛잇고(Let it go)'라는 이 영화의 주제가 주권적 자아라는 자기애적 감정의 과잉을 대변하는 노래라고 했다. 이 노래는 자신이 수긍하고 사랑하는 그 자신 위에 그 어떤 권위나 가치도 두지 않을 것을 선언한다는 말이다. 아니 무슨 애니메이션 한 편을 보면서 이렇게까지 머리 아프게 사느냐고 생각할지 모르겠지만 마귀의 속임수에 넘어가지 않기 위해서는 정신을 차리고 분별력을 행사해야 한다.

우리에게 오는 기회와 초대, 여러 선택의 경우도 마찬가지이다. 그런 것들이 아주 매력적으로 보일 수 있다. 그러나 그것들을 잘 살펴서 무엇이 바르고 지혜로운 길인지 분별해야 한다. 리더가 분별력을 잃으면 여러 사람이 어려움을 당할 수 있음을 명심해야 한다.

본문의 이야기에서 엿보이는 마귀의 최고 전략 가운데 하나는 '교회엔 나가더라도 구원은 받지 마라'라고 말할 수 있다. 마귀는 사람들이 구원만 받지 않는다면 사도들 주변에 몰려드는 것엔 신경 쓰지 않았다. 따라서 우리는 그저 누군가가 교회에 앉아 있는 것에 만족해서는 안 된다. 사람들을 교회에 데리고 오는 것만으로 할 일을 다 했다고 생각하면 안 된다.

마귀는 사람들이 복음을 듣고 믿지 않는다면 교회엔 얼마든지 가게 할 것이다. 사람들이 예수 그리스도의 복음을 듣고 실제로 믿어서 구원받게 하는 데 우리의 관심을 두어야 한다. 그래야 마귀의 속임수에 넘어가지 않을 수 있다.

원수의 저항 예상하기

우리가 한 걸음을 나아가면 마귀도 앞으로 나와 우리를 맞는다. 사도행전 16장에서 바울은 2차 선교 여행 중에 소아시아의 드로아 (Troy), 즉 트로이 목마로 유명한 그곳에서 마케도니아로 건너와 도와 달라는 한 남자의 환상을 보고 원래의 계획을 바꿔 빌립보로 넘어간다. 얼마나 떨렸을까?

그런데 거기서 하나님 은혜로 루디아를 만나 유럽 최초의 교회를 개척하는 성과를 이룬다. 이게 얼마나 대단한 일인지 아는가? 이 교회를 시작으로 해서 유럽 전역에 교회가 세워지게 된다. 그래서 어떻게 되었는가? 결국 로마 제국이 기독교를 받아들였고 복음이 유럽을 통해 미국으로, 또 미국을 통해 한국과 아시아로 오게 되었다.

선교 역사 가운데 기념비적인 일이 일어난 것이다. 박세리가 혈혈단신 미국에 들어가 LPGA에서 우승을 이룬 것에 비길 수 있겠다는 생각이 든다. 지금은 소위 '박세리 키즈'라고 불리는 세계적 한국 여성 골퍼가 얼마나 많은가? 박세리의 기념비적인 성취 때문이다.

바울도 비슷한 일을 했다. 하나님 나라의 복음 사역에서 선구적이고 위대한 진전을 이룬 것이다. 그러니까 바로 마귀의 도전과 방해 공작이 들어왔다. 귀신 들린 여자가 계속 바울을 따라다니며 소리를 지른 것이다. 마귀는 우리가 잘되는 꼴을 보지 못한다. 특별히 그는 영향력 있는 그리스도인이나 교회가 영적으로 뭔가 의미 있는 일을 하고 앞으로 나아가면 반드시 방해 공작을 한다.

교회가 부흥회를 하면 마귀도 부흥회를 연다는 말도 있지 않은가? 기억하라. 우리가 새로운 전략을 짜고 무언가 새롭게 시도하면 마귀도 역공을 시도한다. 때로는 외부로부터 어려움을 주고 때로는 교회 가운데 분란을 일으키기도 한다. 때로는 우리를 시험으로 끌고 가기도 하며 때로는 사고를 유발하기도 한다.

구약의 가장 위대한 리더 가운데 한 사람인 느헤미야가 성벽 재건할 때를 생각해 보라. 사탄은 산발랏과 도비야 같은 대적을 충동질하여 느헤미야를 위협하고 그를 죽이려는 시도까지 했으며 내부적인 갈등을 유발하기도 했다.

사실 나도 사역 가운데 이런 일을 여러 번 경험했다. 신학교에 입학하고 첫 전도사가 되어 교회에 없던 청년부를 새로 만들 때가 생각난다. 말이 청년부이지 거의 안 믿는 사람들이었고 그 가운데는 매 예배 때마다 앞자리에 앉아 의도적으로 머리를 처박고 자는 자타공인 꼴통도 있었다. 당시 담임목사님이 얼마나 스트레스를 받았는지 그 사람을 믿게 하지 못하면 목회를 그만둬야 하지 않겠냐는 생각을 할 정도였다.

그런 사람들을 모아 놓고 기독교 변증부터 하며 접근했는데 당시 복음 전할 결정적인 날에 교회에 가다가 자동차가 퍼져 길에 서는 일도 생기고, 갑자기 극심한 복통이 와서 아무것도 못하게 된 경우도 있었다. 지금 섬기는 교회의 목회를 하면서도 그랬다. 사역이 좀 잘되면 어려운 일이 생기곤 했다.

교회 건축을 하고 이전을 하면서도 하나님의 은혜로 큰 승리를 경험했지만 훌륭한 일꾼들이 갑자기 치명적인 병에 걸려 주님 품에 먼저 가는 아픔이 있었고, 새 건물에서 새 마음으로 시작하는데 바로 코로나가 찾아와 모든 것이 중단되기도 했다.

당신에게도 그런 일이 있을 수 있다. 그러므로 승리와 진전이 있더라도 방심해서는 안 된다. 계속 깨어 있어야 한다. 그리고 무엇보다 방해나 장애를 만나도 두려워하지 말아야 한다. 우리 안에 계신 이가 세상에 있는 이보다 크다.

주님은 우리를 버리지도 떠나지도 않겠다고 약속하셨다. 하늘과 땅의 모든 권세를 가지신 분이 우리와 함께 하시며 우리를 위해 싸우신다. 우리 힘으로는 상대가 안 되지만 예수의 능력으로 우리는 이길 수 있고 마귀를 물리칠 수 있다. 주님의 약속을 믿고 굳게 서서 마귀와 싸워야 한다.

그러기 위해서는 매일 진리의 말씀과 복음과 믿음과 성령, 즉 하나님의 전신갑주로 무장할 필요가 있다. 찰스 스윈돌(Charles R. Swindoll) 목사는 한동안 아침에 일어나면 에베소서 6장을 펴 놓고 영적 전쟁에 관한 구절을 읽으며 실제 갑옷을 입는 퍼포먼스를 하기도 했다고 한다. 비록 그런 퍼포먼스까진 하지 않는다 하더라도 매일 영적 무장을 해야 할 필요는 분명히 있다. 그리고 무엇보다 서로 중보해 주고 깨어 기도해 주어야 한다.

가장 강한 성도가 소매를 걷어붙이고 일을 하면 마귀가 비웃지만 가장 약한 성도라도 무릎 꿇고 기도하면 마귀가 떤다는 말이 있다. 기도보다 더 강한 무기는 없다. 누구보다 리더는 기도로 잘 무장되어야 한다. 마귀의 방해를 이상하게 생각하지 말고 너무 두려워하지도 말고 간절히 기도하면 승리는 우리의 것이 될 것이다.

탐욕 버리기

물질적인 탐욕은 하나님의 역사를 받아들이지 못하게 하는 가장 큰 요인이다. 마귀는 물질적인 탐욕을 부추겨 하나님의 역사를 방해한다. 생각해 보라. 한 가련한 소녀가 귀신의 속박에서 해방되었으면 기뻐해야 마땅하다. 그러나 그 소녀의 주인들은 돈 욕심에 눈이 멀어 오히려 하나님의 종을 대적했고 하나님이 하시는 일을 거부했다. 돈 욕심 때문에 인간성을 상실했고 하나님의 기적을 인정하지도 못했다.

마귀가 영적 싸움에서 우리를 쓰러뜨리는 한 가지 방법은 우리의 탐욕을 자극하는 것이다. 우리는 욕심에 눈이 멀어 올바른 관점을 잃어버리고 비이성적 선택을 해서 마귀의 덫에 걸려들게 된다. 추락한 정치 지도자들을 보면 대부분 이 탐욕에 눈이 멀어 그렇게 되지 않았는가? 성적인 것이든 물질적인 것이든 권력에 대한 것이든 욕심 때문에 모든 것을 잃어버리는 것이다.

인도네시아 파푸아에 사는 원주민들의 원숭이 사냥법이 생각난다. 그들은 단단한 흙더미에 조그마한 구멍을 뚫은 후 거기에 원숭이들이 좋아하는 곡물을 집어넣는다. 작은 구멍이기에 원숭이들이 손을 집어넣으면 쏙 들어가지만 곡물을 한 줌 쥐고 손을 빼려면 절대 빠지지 않는다. 이때 원주민들이 다가가도 원숭이들은 절대로 손에서 곡물을 놓지 않으려고 하기 때문에 도망치지도 못하고 그만 잡히고 만다. 손만 펴면 되는데 욕심 때문에 손에 든 곡물을 놓지 못하는 것이다. 마귀의 전략도 이와 비슷하다. 우리의 욕심을 이용하는 것이다.

우리를 사로잡는 여러 욕심이 있지만 바울의 이야기에서 보는 것처럼 물질적인 탐욕을 우리는 특별히 경계해야 한다. 주님은 재물과 하나님을 겸하여 섬기지 못한다고 분명히 말씀하셨다(마 6:24, 눅 16:13). 예수님에 의하면 하나님의 1호 라이벌은 석가모니도 마호메트도 리처드 도킨스도 이만희도 심지어 이런저런 우상도 아니고 바로 돈이다. 돈에 대한 욕심이 우리의 영성을 무너뜨리고 하나님에게서 우리 마음을 멀어지게 만드는 주요인이라는 말이다. 더구나 지금 대한민국과 같은 물질주의적 사회를 사는 우리의 경우는 더욱 그렇다.

당신은 어떤가? 물질적인 욕심이 하나님을 섬기고 그분의 나라를 구현하며 교회를 세우는데 방해가 되지는 않는가? 사도 바울은 돈 자체가 아니라 돈을 사랑하는 것이 일만 악의 뿌리라면서 돈을 좇다가 믿음에서 떠나 헤매거나 고통을 겪는 사람이 많다고 했다(딤전 6:10).

특별히 리더는 돈 욕심에서 자유로워야 한다. 바울은 교회 감독과 집사, 즉 목회자와 집사의 자격을 논하면서 감독은 돈을 사랑하지 않아야 하고 집사는 부정한 이득을 탐내지 않아야 한다고 했다(딤전 3:3,

3:8). 우리의 우선순위를 점검하도록 하자. 하나님의 나라와 그 의를 먼저 구하면 그 외에 필요한 것을 주겠다고 주께서 약속하시지 않았는가.

자신의 마음을 정직하게 직면하면서 점검해 보자. 혹시 스스로를 속이지는 않는지 살펴보면서 모든 자기기만을 내려놓자. 알고 있는가? 우리는 모두 자기기만의 달인들이다. 때로는 우리의 욕심을 사역, 선교, 헌신이라는 종교적인 용어로 포장하기도 잘한다.

부자 되게 해 달라는 말을 "우리 교회에서 십일조 제일 많이 내는 사람 되게 해 주세요"라는 그럴듯한 기도로 포장하는 것이 우리다. 부자가 나쁘다는 말이 결코 아니다. 하나님 나라에서 경건한 부자들이 하나님의 귀한 일을 얼마나 많이 감당했는지 모른다. 문제는 돈을 사랑하는 태도, 물질에 대한 욕심이다.

하나님은 당신의 나라와 복음에 헌신하는 자녀들의 삶을 책임지신다. 하나님만 바라보고 가진 것에 만족하자. 히브리서의 기자는 이렇게 말했다. "돈을 사랑하지 말고 있는 바를 족한 줄로 알라 그가 친히 말씀하시기를 내가 결코 너희를 버리지 아니하고 너희를 떠나지 아니하리라 하셨느니라."(히 13:5, 개역개정) 돈보다 주님을 사랑하고 과도하게 욕심내지 말며 우리와 언제나 함께 하시는 그분으로 만족하도록 하자.

온 우주의 소유권을 가지신 분이, 공중의 모든 새를 먹이시고 들의 풀을 입히시는 분이, 또한 자기 아들을 아끼지 않고 주실 만큼 우리를 사랑하신 분이 우리와 언제나 함께하시면 된 것 아닌가? 하나님을 의지하고 바라보자. 그래서 물질적인 탐욕이 하나님을 섬기는데 방해 요인이 되지 않도록 노력하자. 그러면 마귀도 힘을 쓸 수 없게 될 것이다.

전쟁은 주님께 속한 것이니

본 장을 마무리하면서 우리는 영적 전쟁이 하나님께 속한 그리스도인, 특별히 크리스천 리더에게는 피할 수 없는 현실임을 인식하는 가운데 다시 한번 주님을 바라볼 필요가 있다. 그분이 우리의 대장이시며, 무적의 용사요, 전쟁에 능하신 분이시기 때문이다.

성경에 기록된 싸움 가운데 가장 유명한 다윗과 골리앗의 싸움을 기억하는가? 홍안의 10대 소년 다윗과 키가 거의 3미터에 달하는 블레셋의 용사 골리앗은 외적 조건으로만 보면 게임이 되지 않는 상황이었다. 그러나 모두의 예상을 깨고 다윗은 그 불가능한 싸움에서 이겼다. 비결이 무엇이었는가? 그것은 자신을 비웃는 골리앗을 향해 다윗이 한 말에 나와 있다. 그는 주님의 구원하심이 칼과 창에 있지 않다고 하면서 '전쟁은 여호와께 속한 것'이라고 외쳤다(삼상 17:47).

그 사실을 확신했기 때문에 다윗은 유진 피터슨(Eugene Peterson)이 자신의 저서 『다윗: 현실에 뿌리박은 영성』에서 상상한 것처럼 시냇가에서 돌을 고를 때 무릎을 꿇었던 것이다. 다시 말해 하나님께 나아가 그분의 지침을 듣기 위해 전쟁에서 전혀 부적절한 무방비 상태의 자세를 취했다는 것이다. 그분이 전쟁의 주체이심을 분명히 믿었기 때문이었다. 그렇다. 전쟁은 사람이 아닌 하나님께 속한 것이다. 그래서 다윗이 이 말도 안 되는 전쟁을 이긴 것이다.

영적 전쟁도 마찬가지이다. 그것은 하나님께 속한 것이다. 그래서 우리는 하나님을 바라보며 그분을 온전히 의지하며 그분의 이름으로 나아간다. 우리가 속임수의 대가인 마귀와의 싸움에서 분별력을 가지고 그의 방해와 저항을 예상하며 두려워하지 않고 물질적인 탐욕을 버리는 가운데 주님과 그분의 약속을 온전히 신뢰하며 나아갈 때 그분이 우리에게 승리를 주실 것이다.

그분이 사도행전 16장에서 마귀의 공격으로 인해 빌립보 감옥에 갇혔지만 그럼에도 오히려 기도하고 찬양한 바울과 실라를 사용하셔서 간수와 그 가족을 구원하게 하시고 감옥에서도 나가게 하심으로 바울과 그 선교팀에게 큰 승리를 주신 것처럼 우리에게도 그렇게 하실 것이다. 분명히 그러실 것이다.

1. 지금까지 당신이 싸웠던 싸움이나 경쟁 중에 가장 기억에 남는 것은 무엇입니까?

2. 마귀가 퍼뜨린 거짓말 또는 그의 변장한 모습에 속거나 분별력을 잃어 어려움을 당한 일이 있습니까? 아울러 분별력을 가지기 위해 어떻게 해야 할지 나누어 봅시다.

3. 당신의 삶과 사역에서 마귀의 방해와 저항을 경험한 적이 있습니까? 그때 당신은 어떻게 그것을 돌파하였는지 나누어 봅시다.

4. 과거 욕심 때문에 일을 그르친 일이 있습니까? 아울러 현재 당신을 가장 사로잡는 욕심은 무엇이며 그 문제를 해결하기 위해 당신에게 필요한 것은 무엇인지 나누어 봅시다.

5. 영적 싸움에서 당신에게 가장 필요하고 효과적인 무기는 무엇입니까?(엡 6:10-20 참조)

10

Learn leadership in the Acts of the Apostles

하나님의 은혜, 리더의 버팀목

사도행전 18:1-18a

필립 얀시의 걸작 『놀라운 하나님의 은혜』에는 노벨문학상을 받은 미국 작가 유진 오닐(Eugene O'Neill)의 글이 인용되어 있다. "인간은 부러진 채 태어나 고침을 받으며 살아간다. 하나님의 은혜가 접착제이다." 나는 그 말이 너무 마음에 와 닿아 나의 첫 번째 저서 『회복의 은혜』 첫 장에 인용했다.

다른 사람들에게는 어떤지 모르겠지만 내게 하나님의 은혜는 분명 훌륭한 접착제였다. 부러지고 깨진 내 인생을 하나님의 은혜가 붙여 주었고 그것은 지금도 마찬가지다. 사실 나는 하나님의 은혜 없이는 단 한 순간도 살 수 없다.

나는 설교할 때도 수시로 그것을 느낀다. 주일 설교를 하고 나면 월요일 아침부터 다음 설교에 대한 부담에 시달린다. 뭔가 할 내용이 대충 잡혀 있거나 작은 것이라도 떠오르는 경우도 있지만 아무것도 없이 깜깜한 경우도 적지 않다. 예배가 수업도 아닌데 '아, 다음 주일은 정말 망하겠구나. 그냥 자습을 시킬까?' 그런 생각이 들 때도 있다.

그런데 신기하게 기도하고 실제로 말씀을 펼쳐 설교를 준비하면 어떤 생각이 떠오르고 주제에 꼭 맞는 내용을 책이나 신문, 또는 SNS 같은 데서 우연히 보게 되며 까맣게 잊고 있었던 예화를 기억해 내게 된다. 정말 설교를 준비하면서 하나님의 손길을 많이 느낀다. 설교 준비 과정에서 '하나님이 정말 살아 계시는구나!'라는 경험을 할 때도 있다. 그래서 설교가 끝나면 '하나님의 은혜입니다'라는 고백이 절로 나온다.

설교뿐만이 아니라 내 인생 전체가 하나님의 은혜임을 나는 안다.

은혜가 없이 어떻게 나 같은 사람이 그리스도인이 되고 또 목사로 사는가? 은혜가 없이 어떻게 내가 현재의 아내와 자녀들을 내 가족이라고 부를 수 있는가? 은혜가 없이 어떻게 나같이 부족한 자가 신학교 교수요 목사로서 말씀 사역을 감당할 수 있는가?

사실은 사랑빛는교회 담임목사로 살 수 있는 것도 감당할 수 없는 은혜다. 내가 섬기는 교회엔 나보다 훨씬 더 목사 같은 집사님들이 여럿 계신다. 그래서 나는 내 묘비에 적고 싶은 말을 정했다. 그것은 브레넌 매닝(Brennan Manning)의 책 제목처럼 "모든 것이 은혜다!"라는 말이다.

당신은 어떤가? 하나님의 은혜가 필요하지 않은가? 그러리라 믿는다. 얀시는 사람들이 교회를 찾는 이유는 은혜에 대한 목마름 때문이라고 했다. 은혜에 대한 목마름이 있는가? 그래야 한다. 하나님의 은혜가 있어야 우리는 이 험한 세상을 실족하지 않고 제대로 살 수 있다. 그게 있어야 우리는 누군가를 섬길 수 있고 그나마 선한 영향을 끼칠 수 있다. 하나님의 은혜는 그야말로 리더의 버팀목이다.

사도행전 18장 1절에서 18절은 흔들리는 한 사역자에게 임한 하나님의 은혜를 잘 묘사하는 이야기이다. 그것은 하나님께서 얼마나 세심하게 은혜를 베푸시는지, 그리고 그 은혜가 어떻게 지치고 두려움에 쌓인 사역자를 계속 일어서게 하는지를 잘 보여준다.

바울은 아테네의 아레오바고에서 그리스 지식인들에게 복음을 전한 후 고린도로 내려왔다. 이때 그의 마음이 어떠했을까? 그의 고백을 직접 확인해 보라. "내가 여러분과 함께 있을 때에, 나는 약하였으며, 두려워하였으며, 무척 떨었습니다."(고전 2:3)

왜 그랬을까? 일단은 육체적으로 지쳤을 것이다. 짐 싸들고 여행 다니는 삶이 얼마나 힘든가?

우리 부부가 터키와 그리스 성지 순례 여행 때 한 2주 정도를 그렇게 지냈더니 정말 피곤함이 이루 말할 수 없을 정도로 느껴졌다. 성지 순례 자체는 좋았지만 객지에서 짐 싸고 푸는 것, 아침부터 밤까지 이동하는 것이 너무 힘들어서 집에 가고 싶었다.

성지 순례 중 버스를 타고 터키의 토로스(Taurus) 산 앞을 지나갈 때였다. 그 산은 거대한 바위들로 이루어져 눈으로 보기에도 높고 거칠고 험했다. 가이드가 예전에 고(故) 하용조 목사님이 그 산 앞에서 울었다며 이야기를 꺼냈다. 사연인즉슨 하 목사님이 그곳에 왔을 때 가이드로부터 바울이 저 험한 산을 직접 넘어서 선교 여행을 했다는 설명을 듣고는 '우린 이렇게 좋은 버스 타고 가면서도 힘든데 바울은 얼마나 어려웠을까? 바울과 같은 복음 전파자의 저런 큰 희생이 있어서 우리가 예수 믿게 되었구나!' 라는 생각에 눈시울을 적셨다는 것이다.

공감이 가는가? 길고 힘든 여행으로 인해 바울은 육체적으로 소진되었고 지쳤다. 그런데 육체적인 어려움만이 아니었다. 바울은 또한 감정적으로도 연약해졌다. 그리스 철학자들과의 대면에서 감정적인 에너지를 너무 많이 썼을 수 있다. 열매도 많지 않았다.

그런 상황에서 이제 타락과 성적 방종의 도시인 고린도에 들어왔다. 마치 도박과 유흥의 도시인 미국 라스베이거스에서 개척 교회를 시작하는 느낌이랄까? 그게 다가 아니었다. 바울은 재정적으로도 어려웠다. 마케도니아에서 받은 후원금은 이제 다 소진되었다. 그래서 그는 약하고 두려워했고 떨었다.

그런데 하나님이 이 흔들리는 사역자를 어떻게 도우시는지 보라. 하나님은 한 훌륭한 부부를 만나게 해 주셨다. 바로 아굴라와 브리스길라 부부였다. 이 사람들은 장막 만드는 일을 했다. 바울도 같은 업종에 종사하고 있었다. 업종이 같으면 통하는 데가 있지 않나? 바울은 그들 집에 묵으면서 같이 일하고 교제했다.

> [1] 그 뒤에 바울은 아테네를 떠나서, 고린도로 갔다. [2] 거기서 그는 본도 태생인 아굴라라는 유대 사람을 만났다. 아굴라는 글라우디오 황제가 모든 유대 사람에게 로마를 떠나라는 칙령을 내렸기 때문에, 얼마 전에 그의 아내 브리스길라와 함께 이탈리아에서 온 사람이다. 바울은 그들을 찾아갔는데, [3] 생업이 서로 같으므로, 바울은 그들 집에 묵으면서 함께 일을 하였다. 그들의 직업은 천막을 만드는 일이었다. (행 18:1-3)

바울이 얼마나 힘을 얻었을까? 시금치를 먹으면 팔뚝의 알통이 마구 솟아오르면서 힘을 얻는 뽀빠이를 기억할지 모르겠다. 그렇게 힘을 얻은 바울은 안식일마다 회당에서 사람들에게 전도했다. "바울은 안식일마다 회당에서 토론을 벌이고, 유대 사람과 그리스 사람을 설득하려 하였다."(행 18:4)

그런데 그것만이 아니었다. 바울의 측근인 실라와 디모데도 마케도니아에서 내려왔다. 감사한 것은 사람만 온 게 아니라 물질도 같이 왔다. 바울은 이제 더 이상 경제적인 문제에 신경 쓰지 않고 말씀 사역만 할 수 있게 되었다. "실라와 디모데가 마케도니아에서 내려온 뒤로는, 바울은 오직 말씀을 전하는 일에만 힘을 쓰고, 예수가 그리스도이심을 유대 사람들에게 밝혀 증언하였다."(행 18:5)

그러나 유대인들은 예수가 그리스도라는 바울의 주장을 반대하고 비방했으므로(행 18:6) 바울은 사역의 방향을 이방인에게로 돌려 그들에게 복음을 전했다. 사실은 그것이 그가 원래 받았던 사명이다. 그뿐만이 아니다. 하나님은 유대인의 회당 바로 옆에 있는 집을 바울에게 공급하셨다. 그 집은 디디오 유스도라는 이방인의 집인데 이 유스도는 하나님을 공경하는 자였다. 이 중요한 곳에서 수많은 사람이 믿고 세례(침례)를 받았다.

유스도의 집은 최초 고린도의 신자들이 모이는 예배당 역할을 했다. 자신의 거처와 예배 처소 문제가 일거에 해결된 것이다. 그뿐만이 아니라 많은 사람이 구원받는 풍성한 사역의 열매가 맺혔다. 그런데 그것이 다가 아니었다. 흔들리는 사역자에 대한 하나님의 은혜로운 격려는 계속되었다. 그분은 밤에 직접 환상으로 바울에게 말씀하셨다. 아마 회당 옆에 있었기 때문에 전도도 잘되었지만 유대인들의 반대도 만만치 않았으리라. 주님은 그의 안전을 보장하고 이미 진행 중인 그 사역의 성공을 확인하셨다. 특별히 "이 도시에는 내 백성이 많다."는 하나님의 메시지에 힘입어 바울은 고린도에 1년 6개월 동안 머물며 사역했다.

> [9]그런데 어느 날 밤에, 환상 가운데 주님께서 바울에게 말씀하셨다. "무서워하지 말아라. 잠자코 있지 말고, 끊임없이 말하여라. [10]내가 너와 함께 있으니, 아무도 너에게 손을 대어 해하지 못할 것이다. 이 도시에는 나의 백성이 많다." [11]바울은 그들 가운데서 하나님의 말씀을 가르치면서, 일 년 육 개월 동안 머물렀다. (행 18:9-11)

그러나 또 한 번의 위기가 닥쳤다. 바로 갈리오라는 사람이 아가야 주 총독이 된 것이다. 역사적 기록에 의하면 갈리오는 주후 51년 7월 1일에 총독이 되었다. 유대인들은 새 총독이 이 바울이라는 배교자 랍비에게 일격을 가해 주기를 원하여 그를 재판정(베마)에 끌고 갔다. 나도 이 고대의 유적지에 가 봤지만 재판정은 아고라라고 불리는 도시의 광장에 위치했다. 따라서 이 재판은 매우 공개적인 재판이었다.

이 재판의 결과는 바울의 사역에 매우 중요했다. 그것은 로마가 바울의 사역에 어떤 태도를 보이는가의 문제를 확정할 것이기 때문이었다. 유대인들은 바울이 로마법과 유대법을 다 어겼다며 고소했다. "이 사람은 법을 어기면서, 하나님을 공경하라고 사람들을 선동하고 있습니다."(행 18:13) 바울은 무슨 고소이건 대답할 준비가 되어 있었다. 그러나 막 입을 열려는 찰나에 새 총독인 갈리오가 먼저 입을 열었다.

> [14]"유대 사람 여러분, 사건이 무슨 범죄나 악행에 관련된 일이면, 내가 여
> 러분의 송사를 들어주는 것이 마땅할 것이오. [15]그러나 문제가 언어와 명
> 칭과 여러분의 율법에 관련된 것이면, 여러분이 스스로 알아서 처리하시
> 오. 나는 이런 일에 재판관이 되고 싶지 않소."(행 18:14-15)

갈리오는 유대의 종교 문제에 전혀 관심이 없었다. 한마디로 '로마
는 너희들의 신학 논쟁에 간섭하기 싫다'는 것이었다. 그러고는 그들
을 재판정에서 몰아냈다. 화가 난 유대인들은 회당장 소스데네에게
분풀이를 했다. 그러나 갈리오는 이 일에도 간섭하지 않았다.

갈리오의 이 행동은 기독교 복음 사역의 미래에 엄청나게 중요했
다. 사실상 그는 기독교 믿음에 대해 호의적인 판결을 한 것이다. 이
제 복음 사역은 고린도에서 불법이라며 고소당하지 않게 되었다. 적
어도 갈리오가 총독으로 있는 동안은 그럴 것이다. 그래서 바울은 여
러 날을 그곳에 더 머물 수 있었다.

이것이 본문의 이야기이다. 이 이야기는 육체적, 감정적, 재정적으
로 흔들리는 한 사역자에 대한 하나님의 도우심과 은혜를 잘 보여준
다. 이 이야기를 통해 우리가 새겨야 할 구체적인 교훈을 무엇일까?

상황이 어두울수록

상황이 어두울수록 기회도 많다. 바울은 개인적으로도 어려웠지만 그가 처한 상황은 정말 어두웠다. 고린도라는 지역은 복음 사역을 하기에는 최악의 지역이었다. 그곳은 우상 숭배가 만연했을 뿐 아니라 성적인 타락이 극심했던 곳이었다. 당시 고린도라는 지역 이름을 넣은 코린티아나이즈(Corinthianize)라는 속담투의 단어가 있었는데 '고린도스럽다' 정도로 번역할 수 있겠다.

그게 무슨 뜻일까? 놀랍게도 그것은 '음탕하게 행하다'라는 뜻이었다. 얼마나 음란했으면 이런 말이 다 생겼겠는가? 만약 '서울스럽다'라는 말이 그런 뜻으로 통용된다면 서울에 사는 시민들이 얼마나 부끄러울까? 어쨌든 고린도는 그만큼 영적, 도덕적으로 흑암의 도시였고 사역의 전망이 보이지 않는 곳이었다. 그런데 사도행전 본문에서 보듯이 하나님은 이런 곳에 '내 백성이 많다(행 18:10)'라고 하셨다. 겉으로 보기에는 너무 어두운 상황인데 사실은 거기에 하나님의 기회가 엄청 많이 있다는 뜻이다.

주지하다시피 현재 한국 교회가 처한 현실은 상당히 좋지 않다. 사람들은 성장과 부흥의 시기가 아주 갔다고 말한다. 선배 목사님들의 말을 들어보면 70-80년대에는 매주 자기 발로 교회에 오는 사람들의 숫자가 상당했다고 한다.

특히 아이들은 그냥 떼로 교회에 몰려왔단다. 교회는 아이들이 유일하게 마이크로 장난할 수 있는 곳이었다. '아아, 마이크 시험 중!' 그렇게 장난을 치다가 강단에서 쫓겨 내려오곤 했다. 나는 어릴 때 교회에서 처음으로 환등기 사진을 보았고 거기에 완전히 매료당했다. 문학의 밤, 철필로 써서 등사기로 민 촌스러운 학생회지, 그리고 새벽송 같은 것이 다음 세대의 마음을 사로잡았다.

그러나 지금은 상황이 전혀 다르다. 사람들은 교회나 영적 문제에 별 관심을 보이지 않고 오히려 적대감을 표한다. 다음 세대들은 자꾸만 교회에서 빠져나가고 있다. 매년 3천 개의 교회가 문을 닫는다. 팬데믹으로 인해 이런 현상은 더욱 가속화되고 있다. 많은 사람은 세상이 너무 편해지고 가진 게 많아져서 하나님 떠나서도 잘 살 수 있을 것이라고 생각한다. 그게 현실이다. 그렇다. 분명 상황은 어둡다. 그리고 특별히 우리나라의 도시들은 더욱 사역하기에 쉬운 곳이 아니다.

그러나 성적으로 타락하고 우상 숭배가 만연한 고린도에 하나님께서 번성하는 교회를 세우셨고 당신의 은혜 가운데 많은 기회를 주셨다면 우리에게도 그렇게 하실 것이다. 오늘날 우리가 사는 지역에도 지금 우리는 모르지만 주님의 백성이 많다고 나는 믿는다. 그리고 하나님의 은혜로 그들이 주님께 돌아올 것이라고 믿는다.

개인적으로도, 어두운 상황에 직면한 것 같은 사람이 있을지 모른다. 오래 기도했지만 배우자나 부모님은 점점 완악해지고 자녀는 갈수록 믿음에서 멀어져가는 것 같다. 전도 대상자의 마음은 전혀 요동하지 않는 것처럼 보인다. 회사 내의 사정은 어둡고 악이 만연해 보인다. 악한 자가 득세하는 것 같고 옳은 일을 한 나는 오히려 어려움에 처해지는 것처럼 느껴진다. 가정의 상처는 치유되지 않고 나름 애를 써도 아무 효과가 없는 것 같다.

내가 속한 세상은 점점 타락하고 사회는 점점 부패해지며 불의의 물결은 나를 삼킬 것만 같다. 모든 기회가 다 사라진 것 같다. 그러나 상황이 어둡다고 주저앉지 말자. 어두울수록 주님은 우리가 생각지 못한 기회를 주실 것이다. 생각해 보라. 어두울수록 사람들은 빛을 찾는다. 그렇지 않은가? 어둠이 깊을수록 빛을 찾는 사람들은 점점 더 많아질 수밖에 없다.

그러므로 실망하지 말고 일어나 빛을 비추자. 개인적으로건 공동체적으로건 계속해서 주님의 빛을 비추도록 하자. 주님이 기회를 주실 것이다. 요즈음처럼 어려운 때에라도 주님은 은혜를 주셔서 우리를 붙들어 주실 것이다.

약할 때 강함 되시네

사도행전 18장의 이 이야기는 또한 우리가 약할수록 하나님의 능력이 더 강하게 나타남을 보여준다. 다시 말해 약할 때 강함 되시는 은혜를 묘사한다. 앞에서 이미 본 것처럼 바울은 약하고 두려워 떨었다고 고백했다. 얼마나 약해졌으면 떨기까지 했겠는가?

나는 목회하면서 내 연약함을 인식할 때가 종종 있다. 때로 다양한 사역 현장 가운데서 불안해하거나 긴장할 때도 있다. 하지만 두려워 몸을 떨었던 적은 별로 없었던 것 같다. 얼마나 약해졌으면 실제로 떨기까지 했겠는가? 그러나 그 약함 가운데서 오히려 하나님의 능력이 드러났다. 본문 이야기에서 본 것처럼 유대인의 회당장과 같은 중요한 인물들과 기타 수많은 사람이 하나님께 돌아왔고 불가능할 것처럼 보였던 고린도 교회가 든든히 세워진 것이다.

자신의 약함만 보면 낙심할 수 있다. 나도 사역하면서 종종 낙심에 빠진다. 내가 너무 능력이 없는 목회자라는 생각에 시달린다. 성도들에게 말씀으로 은혜를 끼치고 심령을 부흥시켜야 하는데, 교회가 주님에 대한 사랑으로 뜨거워져야 하는데 별로 그런 것 같지 않을 때, 누군가가 영적으로 침체된 것 같다는 소식을 들을 때, 전도의 열매가 맺히지 않을 때 나는 나 자신을 탓하며 낙심한다. 때로는 '우리 교회 성도들을 통째로 더 능력 있는 목사님에게 맡기면 좋지 않을까?'라는 생각도 할 때가 있다.

그럴 때마다 나는 하나님 앞에 엎드린다. 신학교 교수로서, 목사로서 너무 무능력하다며 나를 불쌍히 여겨 달라고 기도한다. 어디 나뿐이겠는가? 이 글을 읽고 있는 당신도 그럴 때가 있을 것이다. 그렇다. 누구든 자신의 약함 앞에서 낙심한다. 그러나 바울이 고백한 것처럼 하나님의 능력은 우리의 약한 데서 온전하게 된다.

[9]그러나 주님께서는 내게 이렇게 말씀하셨습니다. "내 은혜가 네게 족하다. 내 능력은 약한 데서 완전하게 된다." 그러므로 그리스도의 능력이 내게 머무르게 하기 위하여 나는 더욱더 기쁜 마음으로 내 약점들을 자랑하려고 합니다. [10]그러므로 나는 그리스도를 위하여 병약함과 모욕과

궁핍과 박해와 곤란을 겪는 것을 기뻐합니다. 내가 약할 그 때에, 오히려 내가 강하기 때문입니다. (고후 12:9-10)

당신은 약할 때에 오히려 더 강하다는 바울의 이 고백을 믿는가? 하나님은 이 사실을 우리에게 가르쳐 주시려고 10대 소년의 돌팔매로 거인 골리앗을 물리치게 하셨다. 그분은 이 진리를 우리 마음에 새기시려고 기드온이 미디안 군대와 전쟁할 때 일부러 수만 명의 이스라엘 사람을 집으로 돌려보내셨다. 그래서 개처럼 물을 핥아 먹은 사람들, 그야말로 오합지졸과 같은 300명의 군대로 13만 5천의 미디안 군대를 물리치셨다.

자신이 약하다고 생각하는가? 그 약함을 뼈저리게 느끼는가? 축하한다. 하나님은 당신에게 은혜를 주셔서 그런 당신을 통해 능력을 드러내실 것이다. 사실 우리가 강하다고 해도 그게 얼마나 되겠는가?

가끔씩 권투나 격투기 같은 시합을 보면 엄청 강하게 생긴 근육질의 사람들, 꼭 돌로 만들어진 것 같은 사람들이 한 방에 훅 가는 것을 본다. 그게 사람이다. 그러나 하나님은 그렇지 않다. 차원이 다르다. 아무 힘들이지 않고 말씀 한마디로 이 엄청난 우주를 만드신 분이다.

우리에겐 그런 분의 능력이 필요하고 실제로 그것은 우리에게 가용하다. 그러므로 약하다고 낙심하지 마라. 돈이 없다고, 배운 게 없다고, 경험이 없다고, 인맥이 없다고, 기술이나 재능이 없다고, 정말 힘이 없다고 좌절하지 마라. 자신의 약함을 인정하고 하나님을 바라보라.

정말 문제는 내가 강하다고, 내게 뭐라도 내세울 게 있다고 생각하는 것이지 약함이 아니다. 친구 중 한 명은 테니스 좀 잘 쳐 보려고 코치를 받았는데 힘 빼라는 소리를 수도 없이 들었다고 한다. 아무리 해도 그게 안 되니까 결국 코치가 그냥 치는 게 낫겠다며 돌려보냈다.

기억하라. 자신이 강하다고 생각하면 하나님의 능력은 나타나지 않는다. 하나님은 그런 사람에게서 힘을 빼기 위해 작업을 하실 것인데 종종 많은 아픔을 동반한다. 그러므로 약한 게 좋은 것이다. 약함은 하나님의 은혜와 능력을 경험할 수 있는 최적의 통로이다. 약함을 인정하라. 내 가정이나 자녀 문제에 대해, 내 장래에 대해, 내 도덕적 역량에 대해, 사역에 대해 나는 정말 아무 능력이 없다고 말씀드려라.

바울은 자신의 약함을 인정할 뿐 아니라 그걸 자랑한다고까지 했다. 약함 가운데 하나님의 능력이 더 강하게 나타나기 때문이다. 그 사실을 믿고 하나님을 전적으로 의지하도록 하자.

때를 따라 돕는 은혜

하나님은 바울의 어려운 상황을 외면치 않고 동역자와 물질을 주셨으며 거처할 곳까지 마련해 주셨다. 심지어 갈리오라는 정치인의 마음을 움직여 바울의 사역에 유리한 법적 판결을 허락하시기도 했다. 바울이 많이 흔들렸기 때문에 직접 말씀으로 바울을 격려하기도 했다. 그것은 하나님의 은혜였다. 바울은 예상하지 못했지만 하나님은 바울의 필요에 따라 그를 도우셨고 그에게 은혜를 베푸셨다.

우리도 마찬가지다. 가장 뜻밖의 곳이나 사람으로부터 도움의 손길이 올 수 있다. 어려운 때, 약한 때, 주님의 은혜가 정말 필요한 때 주님은 다양한 방법으로 우리를 위로하고 도우신다. 히브리서 기자가 말한 것처럼 그분은 '때를 따라 돕는 은혜(히 4:16)'로 우리를 도우신다.

예전 교회에서 부교역자로 섬길 때의 일이다. 당시 그 교회는 담임목사님이 봉투에 사례비를 담아 교역자들에게 나눠 주곤 하셨다. 그날도 그것을 받아 외투에 넣었다. 교역자 가족 회식이 있는 날이라 외부에 나가 식사를 하고 집으로 돌아왔다. 지하 주차장에 차를 주차하고 집에 들어와서 휴식을 취했다.

당시 나는 영적으로 힘들어서 주님이 정말 나를 사랑하시는지, 나를 사용하려 하시는지에 대한 확신을 잃어 가고 있었다. '주님 정말 나를 사랑하십니까? 제게 신경이나 쓰십니까?' 하며 넋두리 섞인 기도를 하곤 했다. 그날도 그랬다. 그런 가운데 아내가 사례비 봉투를 달라고 했다. 벗어 놓은 외투를 뒤졌는데 아뿔싸! 사례비 봉투가 없었다. 어디서 빠진 것이다. 교회와 식당에 번갈아 전화를 했지만 없다는 대답만 돌아왔다.

그렇다면 주차장에서 흘린 모양인데 이미 시간이 상당히 지났기에 없을 가능성이 많았다. 하얗고 도톰한 봉투인데 얼마나 눈에 잘 띄었겠는가? 그래도 혹시 싶어서 쫓아 나가 샅샅이 살폈지만 역시나 찾을 수 없었다. 너무 힘이 빠졌다. 안 그래도 마음이 힘들던 때 더 낙심이 되어 고개를 푹 숙인 채 집으로 들어왔다.

그런데 한 30분쯤 후 전화가 왔다. "이재기 목사님이 맞으십니까?"라고 물었다. 그렇다고 대답하자 "혹시 뭐 잃어버리지 않으셨나요?"하고 또 물었다. 돈이 든 봉투를 잃었다고 하자 지하 주차장에서 그 봉투를 주웠다는 것이 아닌가. 나를 개인적으로 아는 사람도 아니고 그 교회 성도도 아니었다. 그냥 내가 사는 아파트 주민이었는데 부모님이 그 교회를 다니신다고 했다. 그 교회 봉투에 돈이 들어 있고 내 이름이 적혀 있어서 사역자 급여인 것 같아 자기 어머니에게 전화번호를 물어서 연락했다는 것이다.

그 사람이 말하기를 "하나님이 목사님을 많이 사랑하시는 것 같아요. 그 많은 사람 중에 하필 제가 이걸 줍게 되었을까요?" 하는데 눈물이 났다. 돈을 찾아서라기보다 하나님의 사랑 때문이었다. 그것은 마치 하나님께서 내게 "내가 이만큼 너를 돌본단다."라고 말씀하시는 것 같았다. "너를 사랑하느냐고? 네게 신경이나 쓰느냐고? 이게 내 대답이다!"라고 하시는 것 같았다. 하나님의 자상하신 사랑과 은혜가 너무 감사해서 가슴이 뜨거워졌고 감정이 북받쳐 올라와 한참을 울었다.

어려운 상황에 처해 있는가? 사역이 잘 안 되는가? 무력감에 빠져 있는가? 힘이 드는가? 그럴 때가 바로 은혜받을 때이다. 그럴 때 우리는 오히려 하나님의 위로와 도우심을 더 확실하게 체험할 수 있다. 그러므로 뒤로 물러나지 말고 때를 따라 우리를 도우시는 주님께, 그 은혜의 보좌에 기도와 믿음으로 나아가기 바란다. 히브리서의 기자가 권면하는 것처럼 말이다. "그러므로 우리는 담대하게 은혜의 보좌로 나아갑시다. 그리하여 우리가 자비를 받고 은혜를 입어서, 제 때에 주

시는 도움을 받도록 합시다."(히 4:16)

진짜 걱정해야 할 것

상황이 어려우면 우리는 자괴감에 빠지고 무력감에 시달린다. 걱정과 염려로 잠을 설치기도 한다. 특별히 리더는 더 그렇다. 당신은 어떠한가? 리더십이나 리더라는 말이 부담스럽기만 한가? '나 같은 게 무슨 리더인가'라고 생각하는가? '나 하나 건사하기도 힘든데 누구에게 선한 영향을 미칠 수 있겠나'라고 생각하는가?

하나님의 은혜가 그 답이다. 약하고 두려워했던 바울에게 은혜를 주셔서 그를 붙들어 주시고 많은 사람에게 복음을 전하게 하신 하나님이 당신에게도 같은 은혜를 주실 것이다. 하나님의 의제(議題)로 사람들을 이끌고 영적 영향을 미치는 일은 어차피 우리 힘으로 못할 일이다.

하나님의 도우심이 필요하다. 때를 따라 돕는 은혜가 필요하며 약할 때 강함 되시는 그 은혜가 필요하다. 어두울수록 더 큰 기회를 허락하시며 이를 포착하게 하시는 그 은혜가 필요하다. 그러므로 은혜의 하나님을 바라보며 그분 한 분만 의지하며 그 은혜의 보좌로 나아가자.

이는 교회적으로도 마찬가지이다. 이미 말한 것처럼 현재 우리의 외적인 상황은 좋지 않다. 사람들은 영적인 데 관심이 별로 없고 교회에 대해 적대적이다. 팬데믹으로 인해 전도의 문은 완전히 닫힌 것만 같다. 예배 모임도 제대로 못하고 대면 교제도 제약을 받으며 다음 세대는 뿔뿔이 흩어지는 것만 같다. 한 번도 처해 보지 못한 환경 속에서 종종 우리의 부족함을 느끼며 어떻게 해야 좋을지를 알지 못한다.

우린 너무 약한 것 같다. 정말 보잘것없이 느껴진다. 그러나 사실 그건 걱정할 일이 아니다. 걱정할 것은 우리가 하나님을 충분히 보지 못하는 것이다. 그분의 임재와 말씀에 더 마음을 열지 않는 것이다. 그분의 은혜를 더 간절히 사모하지 않는 것이다. 때를 따라 돕는 은혜의 보좌로 더 자주 나아가지 않는 것이다. 그게 진짜 우리가 걱정해야 할 부분이다.

우리가 정말 우리의 무능력과 무가치함을 인정하고 하나님을 의지한다면 그분은 우리를 통해 당신의 능력을 나타내실 것이다. 소년 다윗의 돌팔매로 역전의 용사요, 거인인 골리앗을 무너뜨리신 것처럼, 300명으로 13만 5천의 미디안 대군을 물리친 것처럼, 약하고 두려워 떨던 바울을 통해 우상 숭배와 음란의 도시 고린도에 강력한 교회를 세우신 것처럼 우리를 통해 주님의 역사를 이루실 것이다.

이 어려운 시기에도 우리를 영향력 있는 크리스천 리더와 교회로 만드실 것이다. 그러므로 주님의 은혜를 사모하며 은혜의 보좌로 나아가도록 하자. 은혜가 우리의 버팀목임을 고백하면서.

1. 하나님의 은혜는 어떤 면에서 리더의 버팀목이 됩니까? 성경의 예와 자신
   의 경험을 돌아보면서 이야기해 봅시다.

2. 본문에 나타난 바울의 이야기는 어두운 상황에 처한 우리를 어떻게 격려
   합니까? 당신이 지금 어두운 상황에 처해 있다면 당신은 이 말씀에 근거해
   서 무엇을 할 수 있습니까?

3. 현재 자신의 약함을 뼈저리게 느끼고 있습니까? 리더로서의 역량이나 지
   혜가 너무 부족하다고 생각하나요? 일단 고린도후서 12:9-10 말씀을 읽으
   십시오. 그런 다음 그 말씀을 근거로 어떻게 해야 할지 나누어 봅시다.

4. 어려운 상황 가운데서 예상하지 못했던 도움이나 위로를 받은 적이 있습
   니까? 그때 당신은 어떻게 했습니까? 함께 나누어 봅시다.

Learn leadership in the Acts of the Apostles

양육, 리더의 재생산

사도행전 18:18-28

내 책상에는 우리 아이들 사진이 놓여 있다. 하나는 아주 어릴 때 사진이고 다른 하나는 다 자란 후의 사진이다. 그 사진들 사이에 뭐가 있었을까? 그것은 양육이다. 부모인 우리 부부와 학교의 선생님들, 그리고 교회의 담당 교역자와 주일 학교 교사들의 양육 없이 이 아이들은 그렇게 잘 자라지 못했을 것이다.

양육이 뭘까? 이 단어는 기를 양(養)과 기를 육(育)의 결합어로서 국어사전은 '아이를 보살펴서 자라게 함'이라 정의하고 있다. 이러한 양육은 우리의 가정에서도 필요하지만 영적 가정인 교회에서도 반드시 필요하다.

부모가 자녀를 양육해야 아이가 건강하게 성장할 수 있듯이 영적인 아이도 누군가의 양육이 있어야 제대로 자랄 수 있다. 아이가 태어난다고 저절로 자랄 수 없는 것처럼 누군가 예수님을 믿고 거듭난다고 해서 저절로 영적인 성장이 일어나지 않는다. 보살펴 자라게 하는 수고가 필요하다.

양육이라는 주제를 이 책에서 다루는 것은 한 사람의 그리스도인으로서 양육만큼 다른 그리스도인에게 직접적이고 중요한 영향을 미치는 것은 없기 때문이다. 그것은 영적 리더가 반드시 해야 할 일이며 또 다른 리더를 만드는 일이기도 하다.

그런 면에서 양육은 리더의 재생산이다. 나는 내가 처음 예수님을 믿었을 때 내게 말씀을 가르쳐 주고 나를 영적으로 양육해 준 전도사님을 잊지 못한다. 그분은 매주 찾아와 말씀을 가르쳐 주셨고 기도해 주셨다. 어려운 일이 있을 때는 상담도 해 주셨다. 지금도 그의 영향이 내게 남아 있다.

사도행전 18장에는 사람을 그리스도 안에서 양육하는 데 열정을 지닌 한 사람의 이야기가 나온다. 그는 어디를 가든지 누군가의 영혼을 보살펴 자라게 하려 했다. 사도 바울이 바로 그 장본인이다. 먼저 사도행전의 이야기 속으로 들어가 보도록 하자.

양육의 달인

사도행전 18장에서 바울은 2차 전도 여행 중에 그리스 남부 도시인 고린도에 머물고 있었다. 고린도는 운하와 유적지 등으로 지금도 관광객들이 많이 찾는 유명한 도시이다. 여기서 바울은 무슨 일을 했는가? 11절은 이렇게 설명한다. "바울은 그들 가운데서 하나님의 말씀을 가르치면서, 일 년 육 개월 동안 머물렀다." 바울은 1년 반 동안 고린도에서 하나님의 말씀으로 열심히 이 고린도 성도들을 양육했다.

얼마 후 그는 유대 사람들에게 고소를 당해 재판을 받았다. 고린도 유적지에는 바울이 재판을 받았던 곳이 있는데 거기에는 베마(βῆμα)라는 헬라어 단어가 적혀 있다. 베마는 문자적으로 '계단을 밟고 올라가도록 높여진 장소'를 의미하는데 누군가가 재판을 받기 위해 올라가는 단상을 지칭하는 용어로도 사용되었다. 바울은 그런 곳에서 재판을 받았다.

앞장에서 본 것처럼 유대인들은 바울에 대한 시기심으로 인해 그가 법을 어긴다고 고소했지만 당시 아가야 주의 총독이었던 갈리오는 그들의 송사를 받아 주지 않았다. 그것이 범죄나 악행에 관련된 것이 아니라 유대인들의 율법에 관련된 일이라는 것이 그 이유였다. 재판정에서 쫓겨난 유대인들은 화가 나서 회당장인 소스데네를 붙들어 와서 그에게 폭행을 가했다.

이 일로 인해 바울은 고린도를 떠나게 된다. 먼저 종교적인 서원 때문에 인근의 항구 도시 겐그레아에서 머리를 깎고 동역자인 브리스길라와 아굴라 부부와 함께 배를 이용해서 지금 터키에 있는 에베소에 들른다. 지나가는 길에 들른 것인데도 잠시 틈이 나자 그는 19절에서 보는 것처럼 회당에 가서 유대인들과 말씀에 대한 토론을 했다. 성경에 기록된 바울의 이 못 말리는 열정을 보라.

> [18]바울은 여러 날을 더 머무른 뒤에, 신도들과 작별하고, 배를 타고 시리아로 떠났다. 브리스길라와 아굴라가 그와 동행하였다. 그런데 바울은 서원한 것이 있어서, 겐그레아에서 머리를 깎았다. [19]그 일행은 에베소에 이르렀다. 바울은 그 두 사람을 떼어놓고, 자기 혼자 회당에 들어가서, 유대 사람과 토론하였다. (행 18:18-19)

얼마의 시간이 지난 후 바울은 브리스길라와 아굴라 부부를 에베소에 남겨 두고 그곳을 떠났다. 이 부부는 향후 바울이 없는 5년 동안 에베소 교회를 목양할 것이었다. 에베소 교회 성도들은 더 머물러 달라고 간청했지만 바울은 하나님의 뜻이면 다시 오겠다(행 18:21)는 말을 남기고 에베소를 떠나 가이사랴에 갔다.

그러고는 육로로 예루살렘에 가서 교회에 문안하고 자신을 선교사로 파송해 준 교회인 안디옥으로 돌아갔다. 얼마나 반가웠을까? 그는 2년도 넘게 떨어져 있던 성도들과 반갑게 만나 회포를 풀었다. 그리고 하나님께서 그동안 자신을 통해 행하셨던 여러 일에 대해 나누며 하나님을 찬양했을 것이다.

그러나 바울은 거기 계속 있을 수 없었다. 자기가 전도했던 교회들이 계속 마음에 떠올랐기 때문이다. 결국 그는 현재 터키 동부 지역인 갈라디아와 부르기아 지방을 다니며 사람들을 가르치고 양육했다. "바울은 얼마동안 거기에 있다가, 그 곳을 떠나 갈라디아 지방과 부르기아 지방을 차례로 두루 다니면서, 모든 신도를 굳세게 하였다."(행 18:23) 그의 사역으로 신도들은 더 굳건해졌다.

바울은 양육의 중요성을 알았고 열정이 있었다. 그는 그야말로 양육의 달인이었다. 어떤 상황에 처하든, 언제이든 그는 사람들을 그리스도 안에서 양육하는 데 자신을 드렸다.

유망주 키우기

누가는 24절부터 잠시 바울의 이야기를 접어 두고 에베소로 그 시선을 향한다. 에베소에 한 새로운 유망주가 왔는데 누가는 그를 이렇게 소개한다. "그런데 알렉산드리아 태생으로 아볼로라는 유대 사람이

에베소에 왔다. 그는 말을 잘하고, 성경에 능통한 사람이었다."(행 18:24)

그는 아볼로라는 이름의 유대인으로서 알렉산드리아 출신이었다. 알렉산드리아는 알렉산더 왕이 이집트에 세운 도시로서 당시 거대한 도서관을 자랑하던 세계적인 지식의 센터였다. 아볼로는 탁월한 이야기꾼이었고 성경, 즉 구약에 능통했다.

그러나 그의 지식은 완전하지 않았다. 누가가 그를 어떻게 소개하는지 들어보라. "그는 이미 주님의 '도'를 배워서 알고 있었고, 예수에 관한 일을 열심히 말하고 정확하게 가르쳤다. 그렇지만 그는 요한의 세례(침례)밖에 알지 못하였다."(행 18:25) 이 사람은 예수님에 대해 말을 하긴 했지만 누가는 그가 요한의 세례(침례)밖에 알지 못했다는 말을 덧붙였다. 그는 아마 요한의 제자에게서 요한이 말한 메시아에 대해 배웠던 것 같다.

다시 말해 예수님이나 그의 제자들로부터 예수님과 그분의 복음에 대해 온전히 배우지 못하고 요한의 제자로부터 간접적이고 부분적으로 예수님에 대해 배운 것이다. 아볼로가 말한 것은 틀린 내용이 아니었지만 부족했던 것이다.

브리스길라와 아굴라는 마침 그가 회당에서 열정적으로 말하는 것을 들었다. 그러고는 이 젊은 교사가 충분히 알고 있지 못함을 간파했다. 이 부부는 비웃을 수도 있었다. 그 자리에서 면박을 줄 수도 있었다.

우리 아이들이 어렸을 때 일이다. 명절 때 고향으로 가는데 차가 많이 막혔다. 지루해진 딸아이가 "다 왔어?"라고 물었다. "아니, 아직 경기도도 못 벗어났어."라고 엄마가 대답했다. 당시 딸은 너무 어려서 지리에 대한 개념이 잘 없었다. 그래서 다시 "그러면 한국은 언제 벗어나?"라고 물었다. 그러자 오빠의 거친 대답이 돌아왔다. "이 바보야, 경기도가 한국 안에 있는 거지!" 아들의 경멸에 찬 표정을 잊을 수가 없다.

그러나 브리스길라와 아굴라 부부는 그러지 않았다. 그들은 사려 깊게 이 사람을 따로 데려다가 복음을 더 자세히 설명해 주며 그를 가르쳤다. "그가 회당에서 담대하게 말하기 시작하니, 브리스길라와 아굴라가 그의 말을 듣고서, 따로 그를 데려다가, [하나님의] '도'를 더 자세하게 설명하여 주었다."(행 18:26) 이 구절에서 하나님의 도는 복음을 의미한다.

이 부부는 아볼로가 더 온전한 그리스도인이 되도록 그를 양육했다. 그리고 더 유능한 사역자로 설 수 있게 복음을 자세히 가르쳤다. 아볼로는 마치 스펀지가 물을 빨아들이듯이 이 가르침을 받아들였을 것이다.

아볼로는 그 후 아가야 주(州), 즉 고린도가 있는 그리스 남부 지역으로 가서 사역하고 싶어 했다. 그를 보내지 않을 수도 있었다. 그러나 브리스길라와 아굴라는 아볼로의 의사를 존중했다. 그래서 신도들과 함께 그를 격려하고 그곳에 있는 사람들이 볼 수 있도록 추천서까지 써 주면서 그를 보냈다(행 18:27a). 그가 오면 잘 영접하라는 당부와 함께 말이다.

양육의 진가는 아가야에서 여실히 드러났다. 성경은 이렇게 기록한다. "그는 거기에 이르러서, 이미 하나님의 은혜로 신도가 된 사람들에게 큰 도움을 주었다. 그가 성경을 가지고, 예수가 그리스도이심을 증명하면서, 공중 앞에서 유대 사람들을 힘 있게 논박했기 때문이

다."(행 18:27b-28)

아볼로는 아가야에 가서 이미 예수님을 믿은 성도들에게 말씀으로 큰 은혜를 끼쳤다. 뿐만 아니라 구약 성경을 가지고 예수가 바로 구약에서 말한 메시아임을 유대인들 앞에서 힘 있게 증명했다. 그는 신자에게나 비신자에게나 능력 있는 말씀의 전달자로 사역하게 되었다.

영적 성장의 필수품, 양육

위의 이야기는 양육이 영적 리더가 반드시 해야 할 일일 뿐 아니라 개인과 교회의 건강한 영적 성장에 필수적인 것임을 보여준다. 바울은 복음 전도자로서 전도도 열심히 했지만 교회의 목회자로서 양육에도 정말 신경을 썼다. 2차 전도 여행의 원래 이유도 1차 여행 때 개척했던 교회를 돌아보며 그 성도들을 양육하려 했던 것이었다.

우리가 살펴보았듯이 사도행전 18장의 기록에서도 양육에 대한 바울의 열정이 여실히 드러난다. 그는 전도만 하고 그곳을 떠난 것이 아니라 1년 6개월을 고린도에 머물며 열정적으로 성도들을 가르쳤다. 심지어 여행하는 동안에도 시간을 내어 양육을 했다. 바울의 동역자인 브리스길라와 아굴라 부부에게도 동일한 열정이 있었다. 그들은 최선을 다해 아볼로를 양육했다.

생각해 보라. 한 아이가 제대로 서기까지 얼마나 많은 수고와 투자와 헌신이 있었는가? 우리 부부는 둘 다 유학생으로 공부하던 시절에

첫아이를 낳았다. 우리의 힘든 사정을 감안하여 부모에게 협조적인 아이를 달라고 기도했지만 불행히도 하나님은 그 기도에 긍정적으로 응답하지 않으셨다.

아이는 엄청 설쳤고 밤에는 두 시간마다 깨서 마구 울어 댔으며 예민하기 그지없었다. 공부도 해야 하고 살림도 해야 했던 아내는 너무 힘들어서 "이걸 무를 수도 없고 어떡하지?"라는 말을 하기도 했다. 우리는 그렇게 잠을 설쳐 가며, 스트레스를 받아 가며, 돈을 써 가며, 때로 부부 싸움도 하며 아이를 키웠다. 그런데 그 아이는 저 혼자 큰 줄 안다. 그러나 모든 부모는 알지 않는가? 양육의 과정 없이 아이는 절대 저절로 크지 않는다.

영적으로도 마찬가지이다. 개인이든 공동체이든 양육을 받아야 영적으로 성장할 수 있다. 내가 섬기는 교회의 한 성도는 일대일 양육을 끝낸 후, "양육을 통해 있는 그대로 나를 받아 주신 하나님의 사랑 안에서 나 자신을, 그리고 용서하기 힘들었던 누군가를 받아 줄 수 있었으며 지금 여기에서 하나님을 더욱 닮고 싶다는 소망을 가질 수 있었다."고 간증했다. 또 다른 자매의 간증도 감동적이다.

양육을 받으면서 제가 왜 힘들어했는지 왜 믿음이 흔들렸는지를 하나하나 깨닫게 되었습니다. 하나님께 부끄럽기도 했지만 하나님 아버지는 그런 저를 그래도 너무나 사랑해 주신다는 사실을 알게 되었습니다.
요즘은 고민이 있거나 힘들 때면 자주 아버지 품 안에 안긴다는 생각을 합니다. 그럼 너무나 행복하고 맘이 평안해집니다. 여전히 세상에 나가면 힘들 때도 있지만 이제는 전과 다름을 느낍니다. 하나님께 더 자주 고백하고 기도하며 나아가려고 합니다.

남편과 가족들도 더 사랑해 주고 그들 그대로를 인정하며 바라보려 노력합니다. 그들을 위해 내가 바라는 것을 간구하는 것이 아니라 하나님의 계획에 맡기며 믿음과 기도로 나아가는 것이 하나님 아버지를 기쁘게 하는 것임을 깨닫게 되었고 실천하려 하고 있습니다. 그리고 남편의 구원을 위해 더 적극적으로 기도를 드리고 있습니다.

하나님 자녀로 만난 교회 가족들도 더 잘 이해할 수 있게 되었고 그들과의 만남을 통해 하나님이 뜻하신 일이 무엇인지를 이해하게 되었으며 작은 것부터 실천해 보리라 다짐도 했습니다. 얼마 전에는 힘들어하는 이웃과 언니에게 복음을 전하기도 하였습니다. 그들을 위해 기도하고 있습니다.

이것이 양육의 열매이다. 영적으로 건강하게 성장하여 다른 사람들을 품는 리더가 되는 것이다. 양육을 받으라. 일대일 양육이든 소그룹 양육이든 리더 양육이든 뭐든지 참여하라. 그리고 이미 양육을 받은 이들은 다른 누군가를 양육하라. 그것이 누군가의 리더가 되며 선한 영향을 끼칠 수 있는 가장 확실한 방법이다.

자녀를 믿음으로 양육하고 다음 세대 사역의 교사로 아이들을 양육하는 것도 매우 중요한 사역이다. 사실 대한민국의 부모들은 자녀 교육에 엄청난 열정을 보이고 있다. 그 어떤 나라의 부모도 따라올 수 없다. 이는 그리스도인 부모도 마찬가지이다. 안타까운 것은 그 열정이 자녀의 영적 양육과는 별 상관이 없다는 데 있다.

만약 모든 그리스도인 부모가 자기 자녀를 양육해서 좋은 대학에 보내는 일에 들이는 열정의 반의반만이라도 영적 양육에 투자한다면 그 자녀는 정말 모든 면에서 건강하게 성장하여 하나님 나라의 훌륭한 일꾼으로 세워질 수 있을 것이다. 영적 양육에 어떤 식으로든 참여하라. 그럴 때 개인과 교회가 영적으로 성장할 수 있다. 그럴 때 우리는 하나님 나라의 리더를 재생산할 수 있다.

한 사람의 가능성

우리는 또한 누군가를 양육하면서 한 사람의 가능성을 결코 과소평가해서는 안 된다는 것을 배운다. 아볼로를 보라. 그는 양육을 받고 아가야에 가서 후일 고린도 교회의 가장 유력한 설교자요 지도자가 되었다.

바울은 고린도전서 3장 6절에서 "나는 심고, 아볼로는 물을 주었습니다."라고 했다. 아볼로는 영적 거장인 대(大)바울에 비견되는 사역자가 된 것이다. 이것은 마치 지금 어느 교회의 전도사가 후일 한경직 목사님이나 옥한흠 목사님에 비견되는 목회자가 되는 것과 같다. 아볼로가 그렇게 큰 사람이 된 것은 브리스길라와 아굴라의 양육에 힘입은 바가 크다. 그렇지 않은가? 그때의 그 신실한 복음적 양육이 없었다면 후일의 아볼로는 없었을 것이다.

누군가를 양육할 때 한 사람의 가능성을 결코 과소평가하지 말라.

그 사람이 어떤 사람이 될지는 아무도 모른다. 지금 한 사람에게 미치는 작은 영향이 얼마나 큰 파장을 일으킬런지 우리는 모른다.

예전에 십일조에 대한 칼럼을 교회 홈페이지에 올렸던 적이 있었다. 그런데 그 글에 대한 조회 수가 일주일 정도 만에 2천 회에 육박했다. 보통보다 대여섯 배는 많은 숫자였다. 주제 자체가 논란이 있고 많은 이의 관심 사항이긴 하지만 그것만은 아닌 것 같았다. 왜 그런지 궁금해서 생각을 좀 해 보다가 신학교 제자 중 한 사람이 떠올랐다.

그는 페이스북에서 활발히 활동하면서 많은 친구와 팔로워를 가지고 있다. 그런데 그가 이 칼럼의 링크를 공유해 주었다. 그래서 조회 수가 그렇게 많아진 것이다. 실제로 홈페이지 관리를 하는 우리 교회 교역자는 그 한 사람에게 작은 영향이라도 가면 그 파급 효과가 실로 놀랍다고 말해 주었다. 당신이 지금 양육하는 그 한 사람에게 미친 영향이 수천수만 명에게 전달될 수 있음을 인식하기 바란다.

언젠가 신학교 제자가 목회하는 교회에 초청을 받아 말씀을 전하러 간 적이 있다. 그는 당시 인터넷은 물론 기독교 방송에도 설교를 내보내며 활발히 사역하고 있었다. 그는 자기 성도들에게 나를 소개하면서 이렇게 말했다. "여러분, 오늘 강사님은 설교자로서 저를 만들어 주신 분입니다. 여러분이 매주 듣는 제 설교의 모든 것은 그분에게서 온 것이라고 해도 과언이 아닙니다!" 그 말을 듣는데 전율이 왔다. 목회하면서 병행하는 신학교 사역이 종종 힘에 부치지만 이런 순간에는 그 모든 어려움이 그냥 잊힌다.

명심하면 좋겠다. 한 사람은 그냥 한 사람이 아니다. 하나님의 형상대로 창조된 존귀한 존재이다. 그 한 사람을 구원하기 위해 예수 그리스도가 십자가에 달리셨다. 그 안에 하나님께서 심어 두신 잠재력이 있고 그를 향한 하나님의 계획이 있다. 그가 양육의 손길을 통해 어떤 사람이 될지 우리는 아무도 알지 못한다.

달라스신학대학원에서 오랫동안 교수로 섬겼던 하워드 헨드릭스(Howard G. Hendricks) 박사는 대학 졸업장도 없이 연구생으로 신학교에 들어온 제자 찰스 스윈돌을 가르치고 멘토링하면서 양육했을 때 그가 후일 미국에서 가장 존경받는 설교자 중 하나요 전 세계에 알려진 크리스천 리더 겸 베스트셀러 작가가 될 것이라고 상상이나 했을까?

그러므로 부모로서 말씀과 믿음으로 하는 자녀 양육, 소그룹 모임을 통한 양육이나 개인적인 양육, 다음 세대 교사로서의 양육, 목회자가 하는 제자 양육에서 당신이 양육하는 사람들이 교회와 하나님 나라의 큰 일꾼이 될 수 있음을 인식하고 그 일에 최선을 다하기 바란다. 한 사람을 귀히 여기고 100명처럼 1천 명처럼 대할 때 그 사람이 예수님의 제자로, 또 교회의 리더로 든든히 세워지고 하나님의 나라는 확장되며 당신의 영향력은 배가될 것이다.

온유와 겸손으로

사도행전 18장의 본문은 또한 우리가 온유하게 가르치고 겸손히 배워야 함을 교훈해 준다. 브리스길라와 아굴라는 사려 깊게 아볼로를 다루었다. 그들은 사람들 앞에서 그의 부족한 면을 지적하지 않았다. 그들은 그를 따로 데려갔다. 어디로 데리고 갔을까? 별다방도 콩다방도 없던 시절이니 영어성경 NIV가 번역한 것처럼 자기들의 집으로 데리고 갔을 것이다.

로마서에 보면 브리스길라와 아굴라는 자기들의 집을 열어 교회의 모임 장소로 쓰기도 한 사람들이라 충분히 그랬을 것이라고 추정할 수 있다. 그렇다. 이 부부는 자기 집을 열어 그를 섬기고 양육했다.

아볼로 또한 나름대로 은사와 지식이 많았지만 겸손히 이 부부의 가르침에 자신을 복종시켰다. 그는 '내가 뭘 더 배워야 합니까?'라고 말하지 않았다. '내가 지금 이 나이에 양육 받을 군번입니까?' 하며 기분 나빠하지 않았다. '자기들이 뭔데 날 가르치겠다는 거지?'라고 뻗대지도 않았다. 그냥 겸손히 배웠다. 덕분에 부족한 부분이 채워졌고 성장했으며 결국 바울에 비견되는 큰 지도자가 된 것이다.

때로 우리는 가르친다. 때로 우리는 배운다. 때로 양육자인 '이끄미'가 되고 때로 피양육자인 '따르미'가 된다. 어느 경우이건 태도가 중요하다. 바울은 에베소 교회에 보낸 서신에서 사랑 안에서 진리를 말하라고 했다. 좋은 태도가 전제되지 않는다면 진리나 가르침은 폭력이 될 수도 있다.

우리 교회의 한 자매는 일대일 양육 첫 만남 때 이끄미로 섬기는 리더가 자신을 꼭 안아 주었다고 했다. 청년 때 나를 양육해 준 전도사님은 자기 집에 나를 데리고 가서 저녁 식사를 차려 준 적이 있다. 집이 생각보다 너무 누추해서 놀랐고, 소박하지만 정성껏 차려 주어서 또 놀랐다. 그분이 그날 가르친 내용은 생각나지 않지만 그 사랑과 섬김은 지금도 생생히 기억난다. 양육자는 피양육자를 존중하고 사랑해야 한다. 정말 귀하게 여기며 온유하고 사려 깊게 가르쳐야 한다.

배우는 자도 마찬가지다. 기꺼이 배우고자 하는 겸손함이 있어야 한다. 내가 다닌 달라스 신학교의 신학석사 과정 가운데는 '목회 인턴십'이라는 실습 과목이 있었다. 실습이 끝나면 교인들과 멘토가 평가를 하는데 그 평가 항목 가운데는 배우려는 태도(teachable attitude)에 대한 항목도 포함되어 있었다. 배우려는 태도가 없는 자는 성장할 수 없고 성장하지 않는 자는 리더가 될 수 없기 때문에 그것은 리더의 매우 중요한 자질이다. 당신은 배우려는 자세가 되어 있는가?

초신자 때의 일이다. 나는 내 사촌동생의 소개로 한 제자 양육반에 가 본 적이 있다. 당시에는 꽤 유명한 1세대 복음 성가 여가수의 집이었고 바로 그 사람이 양육자였다. 물론 신앙연륜도 나이도 나보다 훨씬 많았다. 나는 당시 잘못된 신앙적 영향으로 남존여비 사상이 충만했다. 아무리 미혼의 혼성 청년 그룹이지만 여자가 남자를 양육한다는 자체에 기분이 확 상했다. 그래서 그 모임을 더 이상 가지 않았다.

나는 훌륭한 그리스도인에게 체계적인 양육을 받을 수 있는 절호의 기회를 내 잘못된 태도 때문에 놓쳐 버렸다. 지금도 그게 얼마나 아쉽고 후회스러운지 모른다. 우리는 겸손해야 한다. 언제나 배우려 해야 한다. 목회를 하면서 나의 부족함을 절실히 깨닫는 지금은 누구에게든 배우고 싶은 마음이 있다. 하나님께서 그동안 그러지 않을 수 없게끔 나를 낮추신 결과이다. 겸손히 배우려는 태도를 가지자. 그래야 성장할 수 있다. 그래야 하나님께서 쓰시는 리더가 된다. 그러므로 당신의 태도를 모니터하라.

예수님께서 우리에게 어떤 태도로 다가오셨고 우리를 어떻게 대하셨는지 기억하고 그분의 마음을 달라고 기도하라. 다시 한번 말하지만 배우든 가르치든 태도가 중요하다. 사려 깊고 겸손한 태도로 가르치고 배워야 한다. 그럴 때 사람이 세워지고 교회도 성장한다. 그럴 때 진정한 예수 제자의 양육이 이루어지고 또 한 사람의 영적 리더가 세워진다. 리더의 재생산이 일어난다는 말이다.

가르치지 않으면 배우자

이제 우리가 믿고 따르는 예수님에 대해 한번 생각해 보았으면 한다. 예수님은 학위를 따시지 않았고 많은 재산이나 큰 건물을 남기시지도 않았다. 오늘날 많은 목회자가 그러는 것처럼 책을 내시지도 않았고 팔로워를 늘리려고 애쓰시지도 않았다. 대형 교회를 목회하시지도 않았으며 총회장 같은 영향력 있는 지위에 오르시지도 않았다.

그분은 소수의 평범한 제자들을 양육하는 데 공생애 대부분의 시간을 바치셨고 그게 그분이 남긴 전부였다. 그런데 그 소수의 별 볼일 없는 제자들을 통해 예수님의 영향력은 폭발적으로 전파되었고 마침내 로마 제국이 그 앞에 굴복하는 놀라운 일이 일어나게 되었다. 그것이 양육의 영향력이다.

우리는 양육이 개인과 교회의 영적 성장에 필수적이라는 것과 양육할 때 한 사람이 지니는 가능성을 결코 과소평가하지 말아야 하며 피차 좋은 태도로 가르치고 배워야 함을 사도행전 18장의 이야기를 통해 배웠다. 이 소중한 교훈을 기억하면서 양육에 임하도록 하자. 그게 교회와 크리스천 리더가 해야 할 주된 일이다.

영국 문학가이며 기독교 변증가 C. S. 루이스(Clive Staples Lewis)는 그의 저서 『순전한 기독교』에서 이렇게 말했다. "교회는 오직 사람들을 그리스도께로 이끌어 작은 그리스도를 만들기 위해 존재한다. 이 일을 하지 않는다면 건물도, 성직자도, 선교도, 설교도, 심지어 성경까지도 시간 낭비에 불과하다." 그렇다. 사람들을 이끌어 잘 양육해서 작은 그리스도로 만드는 것이 교회의 존재 목적이며 우리 그리스도인, 특별히 리더들의 존재 목적이다.

나는 모든 그리스도인이 사람을 작은 예수로 만드는 이 양육의 일에 참여하기를 원한다. 어느 교회에 갔더니 그 교회 표어가 '가르치지 않으면 배우자'였다. 가르치든 배우든 둘 중 하나는 하자는 것이다. 우리도 그랬으면 좋겠다. 모두가 양육을 하든 받든 둘 중에 하나를 했으면 좋겠다.

한 사람을 보살펴 그리스도의 분량에 이르기까지 자라게 하는 이 양육만큼 본질적이고 중요한 영향을 사람에게 미치는 것은 없음을 꼭 기억하고 가르치든 배우든 양육에 참여하여서 누군가가 작은 예수로 변화되고 영적 리더가 계속 재생산되는 아름다운 일이 있기를 간절히 바란다.

1. 자녀를 양육한 경험이 있습니까? 어떤 노력이 들어갔으며 무엇이 가장 힘들었나요?

2. 누군가에게 신앙 양육(제자 훈련, 일대일 양육 등)을 받아서 영적 성장이 일어난 경험이 있다면 나누어 봅시다.

3. 한 사람을 귀하게 여기고 최선을 다해 그를 양육하는 양육자가 되기 위해 당신이 명심해야 할 것은 무엇입니까?

4. 양육자로서 또는 피양육자로서 당신의 태도는 어떠합니까? 아울러 좋은 태도를 계발하기 위해 당신에게 필요한 것은 무엇입니까?

5. C. S. 루이스는 "교회는 오직 사람들을 그리스도께로 이끌어 작은 그리스도를 만들기 위해 존재한다. 이 일을 하지 않는다면 건물도, 성직자도, 선교도, 설교도, 심지어 성경까지도 시간 낭비에 불과하다."라고 했습니다. 이를 토대로 양육의 중요성과 각자의 결단을 나누어 봅시다.

12

Learn leadership in the Acts of the Apostles

격려, 리더가 내뿜는 산소

사도행전 20:1-12

이 챕터를 시작하면서 지금의 내가 있기까지 선한 영향을 끼친 사람들을 생각해 보았다. 여러 사람의 모습이 떠올랐지만 특별히 나를 격려해 주신 분들이 떠올랐다. 청년 때 내가 다니던 교회의 담임목사님이 그중 한 분이다.

그분은 어느 날, 내게 주중에 교회를 한번 오라고 하셨다. 당시 청년부 회장을 맡고 있었는데 목사님은 나에게 이런 말씀을 하셨다. "내가 지금까지 목회하면서 이런 말을 한 적이 없는데 자네는 목회자가 되면 정말 좋을 것 같아. 목회의 길을 가겠다고 하면 내가 신학교도 알아봐 주고 도와주겠네." 당시 나는 그분의 말씀에 대해 아직은 그런 생각이 없다고 대답했지만 후일 내가 목회자의 길을 걷게 된 데에는 그분의 격려가 씨앗이 된 것은 분명한 사실이었다.

미국에 있을 때 가깝게 지내던 교회의 한 집사님도 떠오른다. 당시 그곳에서 발간되던 미주 한인 주간지에 칼럼을 연재했었는데 그 집사님이 그것을 읽고 이 목사님은 목회만 하지 말고 꼭 책을 내는 기독교 저자가 되셔야 한다고, 반드시 잘될 것이라고 나를 격려했다. 내가 지금까지 여러 권의 책을 발간하게 된 것에는 그분의 격려가 큰 역할을 했다. 지금 생각해도 그분의 말이 감사하게 느껴진다.

또 다른 한 집사님 부부는 우리 가족이 미국 생활을 마치고 한국에 들어올 때 우리가 타던 자동차를 시세보다 더 비싼 값으로 매입해 주셨다. 또 일부러 시간을 내어 짐 싸는 일을 도와주셨는데 마치 본인들의 일처럼 성심껏 도우며 우리 가정을 격려했다. 목회의 어려움이 있을 때마다 우리 편에 서서 힘과 용기를 주며 격려를 아끼지 않으셨던 분들이시다.

내가 지금 교수로 섬기는 신학교의 전 총장이셨으며 현재 목회하는 교회를 오기 전에 9년간 조력했던 나의 멘토 김우생 목사님도 빼놓을 수 없다. 그분은 내 글과 설교에 대해 늘 칭찬을 아끼지 않으셨으며 당신의 교회를 떠나 현재 섬기는 사랑빛는교회 담임목사로 부임했을 때도 잘할 거라 믿는다며 "나보다 더 큰 목회를 하라"고 격려해 주셨다.

분명히 격려는 우리에게 긍정적인 영향을 미친다. 스코틀랜드 출신 신학자요, 여러 권의 성경주석을 쓴 윌리엄 바클레이(William Barclay)는 격려를 '영혼의 산소'라고 표현했다. 산소를 공급받지 못하면 죽듯이 우리 영혼이 격려를 공급받지 못하면 시들어 가고 죽게 된다는 뜻이다. 우리 모두에게 산소가 필요하듯 모든 사람은 격려를 필요로 한다. 격려를 받을 때 우리는 힘을 얻는다.

누군가에게 영향력을 미치려면 우리는 격려하는 사람이 되어야 한다. 누군가의 영혼에 산소를 공급하여 그를 살릴 뿐 아니라 건강하고 생동감 있는 존재로 만드는데 도움을 주는 인생이 되어야 한다는 말이다. 그런 면에서 보면 리더야말로 반드시 격려의 사람이 되어야 할 필요가 있다.

바울은 그런 삶을 살았다. 그는 격려의 중요성을 알았고 그것을 다양한 방법으로 사람들에게 공급했던 사람이었다. 이를테면 산소 같은 지도자라고 말할 수 있다. 사도행전 20장 1절부터 12절의 본문은 그런 격려자로서 바울의 면모를 잘 보여준다.

바울은 3년 동안 소아시아의 에베소에서 사역을 했다. 그런데 사람들이 예수님을 믿고 우상을 버리게 되자 우상을 만들어 돈벌이를 하던 은장이 데메드리오가 그만 격분하고 말았다. 그래서 그는 사람들을 선동하여 소동을 일으켰다. 그 소동으로 바울은 3년 동안의 에베소 사역을 접어야 했다. 바울의 마음이 얼마나 힘들었을까?

그러나 성경을 보면 바울은 오히려 떠나기 전 제자들을 불러 모아 그들을 격려했다. "소동이 그친 뒤에, 바울은 제자들을 불러오게 해서, 그들을 격려한 뒤에, 작별 인사를 하고, 마케도니아로 떠나갔다." (행 20:1) 그는 자기보다 에베소 교회 성도들을 더 생각했다. 훌륭한 리더요 목회자를 떠나보내야 하는 그들의 마음을 헤아렸고 자신의 부재 속에서도 그들이 힘과 용기를 잃지 않고 믿음의 삶을 꿋꿋이 살기를 원했기 때문이었다.

그렇게 마케도니아로 떠난 바울은 2차 전도 여행 때 개척한 빌립보, 데살로니가, 베뢰아 교회들을 둘러보았다. 빌립보, 데살로니가, 베뢰아 이 세 도시는 당시 마케도니아, 곧 현재 그리스에 있는 도시들이다. 여기서도 바울은 사람들을 격려했다. 바클레이의 메타포를 차용하자면 영혼의 산소를 공급해 준 것이다. "바울은 그 곳의 여러 지방을 거쳐 가면서, 여러 가지 말로 제자들을 격려하고, 그리스에 이르렀다."(행 20:2)

그 후 그는 그리스로 가서 고린도에서 석 달을 지냈다. 주후 57-58

년 겨울로 추정되는데 이때 바울은 복음적 교리의 걸작인 로마서를 썼다. 이 위대한 서신은 성 어거스틴, 마틴 루터, 존 웨슬리 등 여러 믿음의 거장이 영적 어둠과 혼동에서 벗어나 주 예수 그리스도를 믿고 거듭날 수 있도록 도와주었을 뿐 아니라 헤아릴 수 없는 주님의 사람들이 믿음 안에서 설 수 있도록 격려해 왔다.

고린도에서 짧은 시간을 보낸 바울은 거기서 배편을 통해 시리아로 가려 했다. 그러나 그 순간에 일단의 유대 사람들이 그를 해치려는 음모를 꾸미고 있었다. 아마 배에 타는 바울을 죽여서 바다에 던지려 했을지 모른다. 다행히 바울이 그 사실을 알게 되었다. 어떻게 알았는지에 대해서는 누가가 언급하고 있지 않지만 아마 하나님께서 알려 주셨을 수 있다.

바울은 배를 탈 계획을 포기하고 북쪽으로 마케도니아를 거쳐 돌아가기로 한다. 흥미롭게도 누가는 4절에서 바울과 동행한 인물들을 그들의 출신지와 함께 밝힌다. 각 지역의 대표자가 있었다. 이들은 이 위험한 여행을 통해 함께 교제하며 피차간에 격려했을 것이다.

[3]거기서 그는 석 달을 지냈다. 바울은 배로 시리아로 가려고 하는데, 유대 사람들이 그를 해치려는 음모를 꾸몄으므로, 그는 마케도니아를 거쳐서 돌아가기로 작정하였다. [4]그 때에 그와 동행한 사람은 부로의 아들로서, 베뢰아 사람 소바더와 데살로니가 사람 가운데서 아리스다고와 세군도와 더베 사람 가이오와 디모데, 그리고 아시아 사람 두기고와 드로비모였다. (행 20:3-4)

이어 5절에서 6절을 보면 바울은 빌립보에서 누가를 만나 함께 유월절을 보내고 무교절 뒤 배를 타고 닷새 만에 드로아에 이르렀다. 무교절이란 유월절 다음날부터 일주일간 지속되는 이스라엘의 종교적 축제로서 이집트의 노예 생활에서 이스라엘이 탈출한 사건을 기념하는 절기이다. 누룩(yeast)을 넣지 않은 빵을 먹기 때문에 무교절이라고 부른다. 계절적으로는 3월이나 4월 정도가 된다. 그들은 호머(호메로스, Homeros)의 『일리아드』에도 등장하는 소아시아 북서쪽의 해안 도시인 드로아, 즉 트로이에서 7일을 지냈다.

> [5]이들이 먼저 가서, 드로아에서 우리를 기다리고 있었다. [6]우리는 무교절 뒤에 배를 타고 빌립보를 떠나, 닷새만에 드로아에 이르러, 그들에게로 가서, 거기서 이레 동안을 지냈다. (행 20:5-6)

고린도에서 바울과 동행했던 사람들은 먼저 드로아에 갔고 누가가 '우리'라고 표현한 바울과 누가 일행은 그들보다 뒤에 드로아에 도착했다. 바울은 드로아에서 아마 배를 기다렸는지 모른다. 그런데 여기서 한 사건이 발생한다. 그것은 예배의 상황 가운데 일어났다.

예배 중 사람이 죽다

7절에서 12절까지는 초대 교회 예배에 대한 모습을 보여준다. 그들은 주의 첫날, 즉 일요일에 모였다. 유대인의 안식일이 아닌 주님께서 부활하신 날에 모인 것이다. 그들은 아침이 아닌 저녁에 모였다. 이방인과 유대인이 다 일을 했기 때문일 수 있다. 일요일이 공휴일로 정해진 것은 주후 313년 콘스탄틴 황제가 밀라노 칙령을 발표한 후부터이다. 그들은 또한 '빵을 떼려고' 모였다. 그것은 주의 만찬에 대한 또 다른 표현이다. 초대 교회 때 주의 만찬은 예배의 필수적 요소였다.

그런 다음 바울은 말씀을 시작했다. 그는 강론을 하고 또 하고 또 했다. 오늘날 교인들은 '바울처럼 살 수 없을까'라는 찬송을 부르면서도 바울처럼 설교를 길게 하는 목사들을 싫어한다. 7절은 그의 설교가 얼마나 길게 이어졌는지를 보여준다. "주간의 첫 날에, 우리는 빵을 떼려고 모였다. 바울은 그 다음 날 떠나기로 되어 있어서 신도들에게 강론을 하는데, 강론이 밤이 깊도록 계속되었다."(행 20:7)

누가는 여기서 그가 목격한 놀라운 사건을 추가한다. 바울의 설교는 길었고 8절에서 보는 것처럼 그곳에는 많은 등불이 있었다. 그 등불들은 일부 산소의 원활한 흐름을 차단했을 것이다. 9절에 보면 유두고라는 청년이 창문에 걸터앉아 말씀을 듣다가 그만 졸았다. 몹시 졸아 몸을 휘청대다 그만 3층에서 떨어졌다. 난리가 났을 것이다. 사람들이 급히 뛰어 내려가 보니 청년은 죽어 있었다. 그의 이름은 행운이라는 뜻인데 지금까지는 이름과 완전히 다른 일이 벌어지고 말았다.

[8]우리가 모인 위층 방에는, 등불이 많이 켜져 있었다. [9]유두고라는 청년이 창문에 걸터앉아 있다가, 바울의 말이 오랫동안 계속되므로, 졸음을 이기

지 못하고 몹시 졸다가 삼 층에서 떨어졌다. 사람들이 일으켜 보니, 죽어

있었다."(행 20:8-9)

누구 말처럼 설교 듣다가 조는 것은 이처럼 위험한 일이다. 그러나 그 다음 세 구절은 유두고의 이름을 잘 설명한다. 바울은 누구보다 더 빨리 사고 현장으로 내려갔다. 사람들이 울고 소리를 질렀다. 누군가 가 긴 설교의 문제점이 드러났다고 목소리를 높였을지 모른다.

그러나 바울은 그 모든 것을 진정시키고 엎드려 그 청년의 시체를 끌어안았다. 바울은 지금 자신이 주님으로 부르는 예수님의 모습을 은연중에 닮아 있다. 그렇지 않은가? 바울의 품 안에서 유두고는 기적 적으로 소생되었다.

¹⁰바울이 내려가서, 그에게 엎드려, 끌어안고 말하기를 "소란을 피우지 마 십시오. 아직 목숨이 붙어 있습니다" 하였다. (행 20:10)

바울은 예배 처소인 위층으로 다시 올라갔다. 그리고 11절에 보면 다시 빵을 떼었다고 되어 있는데 이것은 주의 만찬이 아니라 야식을 가리키는 것으로 보인다. 요즘으로 치면 라면이나 치킨 정도로 볼 수 있다. 추락과 소생의 흥분 가운데서 밤참의 영양 공급은 설교자와 청 중의 원기를 회복시켰고 바울은 힘을 얻어 새벽까지 계속해서 설교했 다. 바울이라는 사람, 정말 대단하지 않은가?

성경에 나오지는 않지만 유두고는 그 이후로 설교를 들을 때 다시

는 줄지 않았을 것이다. 사람들은 살아난 그 청년을 집으로 데리고 갔다. 누가는 12절에서 그들이 큰 위로를 받았다고 말한다.

> [11]바울은 위층으로 올라가서, 빵을 떼어서 먹고 나서, 날이 새도록 오래 이야기하고 떠나갔다. [12]사람들은 그 살아난 청년을 집으로 데리고 갔다. 그래서 그들은 적지 않게 위로를 받았다."(행 20:11-12)

이 구절에서 '위로'로 번역된 단어는 헬라어로 파라칼레오($\pi\alpha\rho\alpha\kappa\alpha\lambda\epsilon\omega$, parakalēō)인데 이는 1, 2절의 격려한다는 단어와 같은 것이다. 이처럼 바울은 가는 곳마다 다양한 방법으로 사람들을 격려했다.

믿음을 굳게 하기 위한 격려

본문의 이야기는 크리스천 리더가 어떤 목적을 위해 사람들을 격려해야 하는지 잘 보여준다. 그 목적은 다름 아닌 '사람들의 믿음을 굳게 하기 위해서'이다. 바울은 그렇게 했다. 단순히 사람들의 기분을 좋게 하기 위해서가 아니라 믿음을 굳게 하기 위해 그는 격려했다.

격려라는 말은 영어로 'encourage'인데 이는 무언가를 만들어 낸다는 접두사 'en'과 용기라는 의미를 가진 명사인 'courage'의 합성어이다. 즉 용기를 준다는 뜻이다. 우리는 사람들의 용기를 북돋워 주고 그리스도 예수 안에서 사랑과 선행을 자극해야 한다. 히브리서 기자가 권면하는 것처럼 말이다.

<blockquote>
[24]그리고 서로 마음을 써서 사랑과 선한 일을 하도록 격려합시다. [25]어떤 사람들의 습관처럼, 우리는 모이기를 그만하지 말고, 서로 격려하여 그 날이 가까워 오는 것을 볼수록, 더욱 힘써 모입시다. (히 10:24-25)
</blockquote>

예수님을 믿는 사람들로서, 또 영적 리더로서 우리는 누군가의 믿음이 성장하고 그 믿음 안에서 사랑과 선행을 실천하는 일에 깊은 관심을 가지고 있어야 한다. 그것은 물질적으로 더 부유해지는 것보다, 좋은 학교나 회사에 들어가는 것보다, 몸이 건강해지는 것보다 더 중요하다.

그러므로 우리는 다른 사람들이 그렇게 될 수 있도록 격려를 아끼지 말아야 한다. 우리의 배우자나 자녀들뿐 아니라 교회 식구들과 믿음의 동료들에게도 그렇게 해야 한다. 영적 성장이 일어날 수 있는 교회의 각종 모임에 참여하라며 독려할 뿐 아니라 믿음으로 행한 작은 사랑의 행위라도 그냥 넘기지 않고 칭찬해 주어야 한다.

내가 섬기는 교회에서는 해마다 성경 일독을 한 성도들에게 작은 시상을 하곤 한다. 특별 부흥회나 기도회를 빠지지 않고 전출한 개인과 가족들에게도 그렇게 한다. 청년부를 섬겼던 한 전도사는 구성원들이 소그룹 모임을 하는 동안 교회 부엌에 들어가 직접 음식을 해서 그들에게 서빙을 한 적도 있다. 이 모두가 성도들의 믿음을 격려하기 위해서이다.

예수님을 처음 믿었을 때가 생각난다. 교회 전도사님들이 개인적으로 찾아와 말씀을 가르쳐 주며 격려해 주었다. 어떤 분은 무디의 전기와 같이 믿음에 도움이 되는 책을 빌려주면서 힘을 주기도 했다. 미국 유학 시절에 다녔던 미국 교회의 목사님도 영어 성경공부반을 열어 유학생들을 도와주셨고 내가 다른 유학생들을 그곳으로 인도하자 전체 교인들 앞에서 칭찬하며 격려해 주셨다. 이런 것들이 바로 믿음을 굳게 하기 위한 격려이다.

이타적인 사람

누군가를 격려하기 위해선 상대방의 필요에 응답하고 자신을 내어 주며 함께 있을 필요가 있다. 자기만 생각하는 이기적인 사람은 결코 격려의 사역을 할 수 없다. 바울이 빌립보 교회의 성도들에게 권면한 내용은 바로 격려자를 위한 권면이다.

> [3]무슨 일을 하든지, 경쟁심이나 허영으로 하지 말고, 겸손한 마음으로 하고, 자기보다 서로 남을 낫게 여기십시오. [4]또한 여러분은 자기 일만 돌보지 말고, 서로 다른 사람들의 일도 돌보아 주십시오. (빌 2:3-4)

바울은 자기가 권면한 내용을 그대로 실천했다. 그는 어디를 가든 다른 사람들의 일을 돌아보았다. 사도행전 20장의 에피소드에서도 보는 것처럼 그는 늘 다른 사람들을 생각했고 사람들을 찾아다니며 함께 있어 주었다.

사실은 예수님도 그렇게 하셨다. 그분은 누군가의 표현처럼 '남을 위한 사람(A Man for others)'이셨다. 자신만 생각하셨다면 그분은 이 땅에 내려오시지 않았을 것이다. 하늘의 영광과 특권을 포기하시고 인간이 되지도 않았을 것이다. 그분은 다른 사람들, 즉 우리 같은 죄인의 필요를 돌아보시고 우리를 돕기 위해 이 땅에 오셨고 목수로 사셨으며 십자가에서 죽으셨다. 그분보다 더 이타적인 존재는 없다.

내가 섬기는 신학교에서 공부했던 한 학생이 생각난다. 그는 자기도 공부하느라 힘들었을 텐데 저녁마다 시간을 내어 실력이 달리는 학생들의 공부를 봐주었다. 누가 시킨 것도 아니고 보상이 주어지는 것도 아니었다. 자기 스스로 시간을 내어 그렇게 했다. 하나님은 다른 사람들을 돌보는 마음을 가진 그를 축복하셔서 졸업 후 훌륭한 목사님에게 목회 훈련을 받게 하시고 처음 담임맡는 목회임에도 불구하고 훈련되고 헌신된 성도들이 많은 건강한 교회로 이끌어 주셨다.

제자 훈련과 소그룹 사역으로 유명한 평택 대광교회의 한 순장 이야기도 생각이 난다. 그는 본인이 전도한 사람들로 순모임을 만들어 나가면서 자신이 얻은 한 사람 한 사람을 지극정성으로 돌보았는데 한번은 늦은 밤에 한 순원이 다쳐 응급실에 있다는 소식을 들었다. 만사 제쳐 놓고 필요한 물품을 챙겨 달려가서는 그를 돌보았다.

순장의 그런 이타적인 태도에 매일 그 순원을 핍박하던 남편의 마음이 녹아내렸다. 얼마 후 그 순장은 예수님을 믿지 않는 남편으로부터 '순장님 진심으로 감사드립니다'라는 감동의 문자를 받았다. 그리고 그 남편은 자기 집을 열어 순모임을 할 수 있게 해 주었다. 이타적인 격려의 사역이 열매를 맺은 것이다.

격려자가 되기를 원하는가? 그러기 위해서는 이기심과 자기중심주의를 극복해야 한다. 우리 안에 뿌리 깊게 심겨진 이기심을 이길 수 있는 힘을 달라고 기도하라. 무엇보다 성령의 충만을 위해서 기도하라. 성령님은 우리 안에 '사랑과 기쁨과 화평과 인내와 친절과 선함과 신실과 온유와 절제(갈 5:22-23)'와 같은 성령의 열매를 맺게 하심으로 자연스레 우리의 시선을 다른 사람에게 향하도록 도와주신다.

그리고 예수 그리스도의 복음을 깊이 묵상할 필요가 있다. 복음은 예수님이 우리와 같은 다른 사람을 위해 자신을 기꺼이 죽음에 넘기신 이야기이다. 그 복음이 우리의 마음을 다스릴 때 이기주의는 설 땅을 잃게 될 것이다.

주님이 우리의 필요를 돌아보시고 이 땅에 오셨던 것처럼, 바울이 다른 사람들을 찾아가 함께 해 주었던 것처럼 우리도 이타적인 마음을 갖고 사람들을 돌아볼 필요가 있다. 자신을 내어 주고 다른 사람들의 필요를 채워 주며 그들과 함께 하면서 그들을 격려하도록 노력해야 한다. 그것이 리더가 할 일이다.

다양한 방법의 격려

격려를 하고 싶은데 어떻게 할지 잘 모르겠는가? 앞에서 살펴본 사도행전 20장 본문은 그런 사람에게 다양한 격려의 방법을 제시한다. 바울은 찾아가서 함께 있는 것으로, 힘을 주는 말로, 편지로, 설교로, 함께 여행함으로, 그리고 죽은 청년을 살려줌으로써 격려의 사역을 했다.

우리도 다양한 방법을 동원할 수 있다. 문자나 메일로 격려할 수 있고 말씀 사역으로 격려할 수 있다. 어떤 사람에게 기회를 열어 주거나 소개해 줌으로써 격려할 수 있다. 작은 선물을 통해 격려할 수 있고 차를 함께 마심으로써 격려할 수 있다. 아침에 집을 나가는 자녀나 배우자에게 힘내라고 파이팅을 외쳐 주거나 일을 끝낸 후 등을 두드리면서 수고했다고 말해 줌으로써 격려할 수 있다. 맛있는 식사를 한 끼 사 주거나 낙심한 사람에게 다가가 기도해 주는 것으로 격려할 수 있다. 잘못한 사람을 용서하고 그 사람에게 새로운 기회를 줌으로써 격려할 수도 있다.

우리 교회의 한 목장은 최근에 자기 목장에 배당된 선교사님에게 목원들이 헌금해서 보내 주는 방법으로 그분을 격려했다. 내가 그 선교사에게 어느 목장에서 헌금을 보냈다고 연락을 했더니 이런 카톡이 왔다. "정말 감동이 밀려와서 벅차오르네요! 그 응원에 힘입어 계속 힘차게 전진해 나가겠습니다. 감사합니다!"

어떻게 격려해야 할지 다양한 방법을 찾아보라. 하나님께 기도하며 지혜를 구하라. 그리고 가장 적절한 방법으로 격려하라. 작은 격려의 행위가 그것을 받는 사람에게는 큰 영향을 줄 수 있음을 기억하고 비록 작더라도 내가 할 수 있는 방식으로 격려하기 바란다. 특별히 리더는 사람들을 돌아보며 그들의 믿음을 세워 주고 주 안에서 가능성을 실현하게 하며 용기를 북돋워 주기 위해 전문적인 격려자가 되어야 한다.

비판자가 아닌 격려자

당신은 격려자인가? 누군가에게 힘과 용기를 주는 자인가? 아니면 비판자인가? 누구든 비판할 수 있다. 날카로운 표정과 말로 잘못한 것을 지적할 수 있다. 그렇게 하기는 너무나 쉽다. 리더의 경우에는 더욱 그렇다. 그러나 격려는 아무나 하지 못한다. 이타적인 마음을 가져야 한다. 상대를 귀히 여기며 사랑해야 한다. 대가를 지불해야 한다.

격려함으로써 선한 영향을 미치는 사람이 되기를 바란다. 당신의 자녀와 배우자, 부모님을 격려하라. 일터의 동료와 부하 직원들을 격려하라. 교사라면 학생들을 격려하고 학생은 교사를 격려하라. 교회의 교우들과 소그룹의 구성원들을 격려하라. 실패한 자들, 낙심한 자들, 병약한 자들을 격려하라. 우리의 다음 세대들을 격려하라.

당신이 목회자가 아니라면 목회자나 교역자들을 격려하라. 교역자를 격려하면 그에게 용기를 주고 선한 영향을 끼침으로써 오히려 당신이 선한 영향력과 리더십을 행사할 수 있다. 많은 성도가 목회자는 격려하지 않아도 스스로 잘하리라 생각하는데 그렇지 않다.

미국에서 공부할 때 인상 깊었던 것 중 하나는 어버이날이나 어린이날처럼 목회자의 날(Pastor's day)이 있었다는 것이었다. 그날에 성도들은 목회자에게 감사를 표현하고 다양한 방법으로 그를 격려했다. 기억하라. 모든 사람은 격려가 필요하다. 특별히 당신의 목사님은 지금 격려가 절실히 필요한 상황에 있는지 모른다. 그 외에도 격려할 사람이 누구일지 주위를 둘러보고 구체적으로 어떻게 격려할지 그 방법을 찾기 바란다.

하나님은 우리를 비판하거나 정죄하지 않고 오히려 예수님과 성령님을 보내어 우리와 함께 하시고 우리의 죄를 용서하시며 우리를 자녀 삼아주심으로써 우리를 격려하셨다. 우리도 비판자, 판단자가 되기보다 격려자가 되도록 하자. 용기를 북돋워 주자. 누군가가 자신의 잠재력을 발휘할 수 있도록 도와주자. 주님의 사랑과 은혜, 성령의 격려를 받아서 그 힘으로 누군가를 격려하여 믿음을 굳게 하자. 누군가의 영혼에 산소를 가득 공급함으로써 그에게 선한 영향을 미치는 우리 모두가 되자. 직책과 무관하게 그런 사람이 진짜 리더이다.

1. 당신의 삶에서 지금까지 당신을 격려해 준 사람들 가운데 가장 기억에 남는 사람은 누구입니까? 그의 격려가 당신에게 어떤 영향을 끼쳤습니까?

2. 본문 이야기에 기술된 격려의 모습들을 정리해 보세요. 그 가운데 당신에게 가장 다가오거나 인상 깊었던 것은 무엇입니까? 왜 그런가요?

3. 누군가의 격려로 당신의 믿음이 굳건하게 된 경험이 있다면 나누어 봅시다. 아울러 지금 당신이 누군가의 믿음을 세워 주기 위해 어떤 방식으로 격려할 수 있을지에 대해서도 구체적으로 말해 봅시다.

4. 격려자가 되기 위해서는 이기심과 자기중심주의를 극복해야 합니다. 어떻게 그럴 수 있을지 구체적으로 나누어 봅시다.

5. 지금 당신이 가장 먼저 격려해야 할 사람은 누구입니까? 어떤 방식으로 그를 격려하면 좋을까요?

13

Servant leadership in the Acts of the Apostles

섬김, 리더의 천국표 배지

사도행전 28:1-10

나는 논산훈련소에서 군사 훈련을 받으면서 군대 생활을 시작했다. 훈련소에 있는 동안 소위 여러 '사역'에 끌려 다녔다. 이른 아침에 식당에 끌려가 식당 청소를 비롯한 취사병의 일을 대신 하느라 아침을 먹지 못한 적도 있다. 한번은 다른 신병들과 함께 테니스장에 끌려가서 추운 겨울에 맨손으로 시멘트 바닥을 쓸고 쓰레기를 줍기도 했다. 심지어 기관병의 빨래를 해야 하는 일도 있었다.

이런 일은 자대에 배치되어서도 마찬가지였다. 상관의 라면을 끓여 주기도 했고 토요일 오후 근무가 끝난 시간에 간부들의 테니스 경기에 볼보이로 동원되기도 했다. 지금은 좀 달라졌을지 모르지만 당시 군대는 이런 일이 다반사였다.

그런데 군대에서 절대 볼 수 없는 게 있다면 상관이 부하 사병을 위해 그런 일을 하는 장면이다. 그렇다. 언제나 부하가 상관을 섬기지 상관이 부하를 그런 식으로 섬기지 않는다. 군대에서만 그럴까? 그렇지 않다. 정도의 차이는 있지만 일반 사회에서도 마찬가지이다.

그래서 우리는 섬김을 신분이 낮은 자나 아랫사람이 하는 무엇으로 자연스레 인식한다. 섬김은 영어로 서빙(serving)인데, 그것은 식당의 종업원이나 하는 일이라고 생각한다. 해서 우리는 섬김에 대한 본능적인 거부감을 갖는다.

게다가 섬기기 위해서는 대가를 지불해야 한다. 가만히 앉아서 섬길 수는 없지 않는가? 섬기기 위해서는 움직여야 하고 헌신해야 하며 때로는 돈도 써야 한다. 그래서 섬김이라는 말은 우리에게 쉽게 다가오지 않는다. 사실 섬김이라는 용어는 요즘 우리가 사는 일반 세상에

선 잘 쓰지도 않는 말이 되었다.

따라서 우리는 섬김을 리더십과 잘 연결시키지 않는다. 그것은 리더가 해야 할 일이 아니라고 생각한다. 그것은 아랫사람, 신분이 낮은 사람, 심지어 종이 하는 일이라는 인식이 우리 안에 자리 잡고 있다. 그런데 예수님이 오셔서 이런 우리의 통념에 도전하셨고 그 생각을 송두리째 흔드셨다.

하나님의 아들로서 온 우주 최고의 리더인 그분은 무릎을 꿇고 비천한 제자들의 더러운 발을 씻기셨고 심지어 자기 목숨까지 내어 주시며 한낱 피조물에 불과한 인간들을 섬기셨다. 그뿐만이 아니다. 그분은 그렇게 섬기는 자가 하나님 나라에선 지도자라고 아예 선언하셨다.

당신은 어떤가? 기꺼이 섬기는 자인가? 누가 알아주든 알아주지 않든 묵묵히 다른 사람의 유익을 위해 힘든 일, 하찮은 일을 감당하는가? 자기가 드러나지 않더라도 몸을 사리지 않고 기꺼이 봉사하는가? 과거 종이 그랬던 것처럼 칭찬이나 대가를 바라지 않고 그냥 일하는가? 하나님 나라에는 그런 자들이 필요하다.

사도행전에는 그런 사람들이 많이 등장한다. 베드로와 그 외의 제자들이 그런 사람이었다. 일곱 집사들도 그런 사람이었다. 그리고 무엇보다 사도 바울이 그런 사람이었다. 예수님에 의하면 그런 자가 바로 하나님 나라의 리더이다. 따라서 하나님께 리더로서 인정받고 그분의 나라에서 영향력 있는 그리스도인이 되기를 원한다면 우리는 이 섬김의 문제를 성경적으로 다시 조명해 볼 필요가 있다. 사도행전 28장 1절에서 10절의 말씀은 섬기는 리더로서 바울의 모습을 보여주면서 섬김과 참된 리더십의 관계에 대한 훌륭한 가르침을 준다.

독사와 사도

지금 바울은 로마 황제에게 재판받기 위해 죄수의 신분으로 배를 타고 로마에 가고 있다. 그런데 풍랑으로 인해 바울이 탄 배는 파선했고 그 배에 탔던 276명의 사람들은 14일 동안 죽을 고비를 넘기며 표류했다. 그러나 하나님의 은혜로 한 사람도 잃지 않고 몰타라는 섬에서 피난처를 찾았다. "우리가 안전하게 목숨을 구한 뒤에야, 비로소 그 곳이 몰타 섬이라는 것을 알았다."(행 28:1)

몰타는 시실리에서 남쪽으로 98킬로미터 떨어진 곳에 있는 지중해의 작고 아름다운 섬이다. 겨울비가 내린 뒤라 날씨는 매우 추웠고 두 주 동안 극심한 풍랑에 시달리면서 생명의 위협을 느꼈던 사람들의 마음은 실제보다 더더욱 추웠으리라. 감사하게도 섬 사람들은 구조된 사람들을 위해 모닥불을 피워 주었고 그들은 모두 불가로 가서 몸을 녹이고 있었다. "섬 사람들이 우리에게 특별한 친절을 베풀어 주었다. 비가 내린 뒤라서 날씨가 추웠으므로, 그들은 불을 피워서 우리를 맞아 주었다."(행 28:2)

불이 잦아들려고 하자 바울은 일어나서 나뭇가지를 모으기 시작했다. 한 아름 나뭇가지를 모았는데 그 안에 독사 한 마리가 들어 있었다. 독사는 추운 날씨로 몸이 굳어 있다가 나뭇가지가 불에 던져짐으로써 불기운에 의해 생기를 되찾았는지 모른다.

　문헌에 의하면 당시 이 섬에는 덩치는 작지만 맹독을 가진 독사가 유명했다고 한다. 몰타의 독사는 치명적이었다. 물리면 금방 독이 퍼져서 몸이 붓고 입에 거품을 내면서 죽게 된다. 그런데 그런 독사가 나무들 사이에서 튀어나와 바울의 손을 문 것이다. "바울이 나뭇가지를 한 아름 모아다가 불에 넣으니, 뜨거운 기운 때문에 독사가 한 마리 튀어나와서, 바울의 손에 달라붙었다."(행 28:3)

　섬의 주민들은 그 모습을 보고 이렇게 말했다. "섬 사람들이 그 뱀이 바울의 손에 매달려 있는 것을 보고 '이 사람은 틀림없이 살인자이다. 바다에서는 살아 나왔지만, 정의의 여신이 그를 그대로 살려 두지 않는다' 하고 서로 말하였다."(행 28:4) 그들은 바울이 죗값을 받아 그 뱀에 물렸다고 생각했다. 독사에 물려 즉사할 운명에 처한 것을 보니 틀림없이 살인자라고 판단한 것이다. 이 사람들은 우리가 종종 그러는 것처럼 인과응보의 신학에 의하여 섣부른 판단을 했다.

　그러나 바울은 그 뱀을 불 속에 털어버렸고 뱀은 그 속에서 독사구이가 되었을 것이다. 의사인 누가는 바울이 아무 해도 입지 않았다고 적었다. "그런데 바울은 그 뱀을 불 속에 떨어버리고, 아무런 해도 입지 않았다."(행 28:5) 뱀을 집어도 해를 입지 않을 것이라는 마가복음 16장의 말씀이 생각나는 장면이다. 섬 사람들은 그 모습을 보고 곧 살이 부어오르거나 당장 쓰러져서 죽겠거니 하면서 기다렸다. 말없이 바울을 힐끔 쳐다보면서 말이다.

　그런데 시간이 가도 아무 일이 일어나지 않고 바울은 멀쩡했다. 그러자 그들은 그를 신이라 했다(행 28:6).

바울은 졸지에 살인자에서 신으로 신분상의 수직 상승을 경험한다. 사람들의 평가가 이렇다. 조금 잘하면 영웅이 되고 조금 못하면 악당이 된다. 여기에 대한 바울의 반응은 나와 있지 않지만 당연히 그는 그 말에 동요되지 않았다.

치유자 바울

그 사건이 일어난 곳 근처에 그 섬의 통치자인 보블리오가 농장을 가지고 있었는데 바울과 일행은 초대를 받아 사흘간 융숭한 대접을 받았다. 지금 몰타 섬에 가면 누가가 추장이라고 표현한 보블리오의 동상이 세워져 있다.

"그 근처에 그 섬의 추장인 보블리오가 농장을 가지고 있었다. 그가 우리를 그리로 초대해서, 사흘 동안 친절하게 대접해 주었다."(행 28:7) 누가는 '우리'라는 표현을 썼는데 이것이 전체 276명의 배를 탔던 사람인지 아니면 그들 중 일부인지는 알 수가 없다. 바울과 함께한 선교팀만 초청한 것은 아니었겠지만 그들이 포함된 것은 분명하다.

그런데 보블리오에게는 문제가 하나 있었다. 아버지가 열병과 이질에 걸려 병석에 누워 있었던 것이다. 당시 이 병은 몰타와 지블랄타 지역에 유행하던 병으로서 '몰타 열병'이라고 일컬어졌다. 걸리면 보통 3-4개월 정도, 길면 2년까지 고열과 함께 앓다가 죽을 가능성이 많은 치명적인 질병이었다. 그 사실을 알게 된 바울은 그냥 외면하거나 모른 체하지 않았다. 무언가를 요구하지도 않았다. 그는 아무 조건 없이 그 아버지에게 가서 기도하고 그에게 손을 얹어 안수함으로 그를 낫게 해 주었다(행 28:8).

이 일이 알려지자 난리가 났고 9절에 쓴 것처럼 그 섬의 환자들이 다 찾아왔다. 바울은 거부하지 않고 이들을 위해 기도하며 질병을 고쳐 주었다. 직업이 의사였던 누가도 이 봉사의 일에 뭔가 자기의 할 일을 하며 도왔을 것으로 보인다. 비록 누가가 구체적으로 기록하고 있진 않지만 바울은 그들을 고쳐 주면서 당연히 예수님에 대해 말했으리라. 과거 베드로가 성전 미문에 앉았던 병자에게 그랬던 것처럼 주 예수의 이름으로 고친다고 말하지 않았을까?

이런 바울의 섬김으로 인해 섬 사람들은 그들을 귀하게 대했고 떠날 때는 필요한 물건들까지 공급해 주었다. "그들은 극진한 예로 우리를 대하여 주었고, 우리가 떠날 때에는, 우리에게 필요한 물건들을 배에다가 실어 주었다."(행 28:10) 어디를 가든지 어떤 상황에 처하든지 사람들에게 선한 영향을 미치는 바울의 모습을 보라. 그는 상황에 상관없이 축복의 통로로, 주님의 유익한 도구로 살았다.

섬김, 하나님 능력의 통로

본문의 이야기는 섬김의 행위가 하나님의 능력을 드러내는 통로가 됨을 가르쳐 준다. 바울의 경우를 보라. 그는 보름 동안 겨울 바다의 폭풍과 절망과 죽음의 공포에 시달리며 잘 먹지도 못한 상태에서 극적으로 살아남았다.

얼마나 피곤했겠는가? 거의 쓰러질 지경이었을 것이다. 그런데도 그는 불만 쬐며 앉아 있지 않고 열심히 나뭇가지를 모았다. 대(大)사도였지만, 그의 조력자들과 후배들도 있었지만 그는 직접 이 작은 일을 했다. 제자들의 발을 씻기신 예수님처럼 그렇게 섬긴 것이다.

이런 섬김의 행위로 인해 독사에 물려도 해를 받지 않는 하나님의 능력이 드러났다. 이로 인해 그들의 마음이 크게 열렸음을 짐작하기란 어렵지 않다. 오늘날 몰타 섬은 약 45만 명이 살고 있는데 세계 기독교 백과사전에 의하면 98%가 기독교인으로 분류되어 있다. 바울의 섬김을 통해 드러난 하나님의 능력이다.

섬김의 행위는 하나님의 능력을 드러내는 통로가 된다. 가장 극명한 예가 예수님의 십자가이다. 주님은 우리의 구원을 위해 자기 목숨을 십자가에서 내어놓는 최고의 섬김을 행했다. 그 행위를 통해 하나님의 능력이 드러났는가? 물론이다. 강도와 백부장이 구원을 받았다. 땅이 갈라졌고 무덤들이 열렸다. 성전의 휘장이 찢어지면서 누구든지 하나님께 나갈 수 있는 길이 열렸다. 자기가 이긴 줄 알고 득의만만했던 사탄은 9회말 2아웃에 만루 홈런을 맞고 패배했다. 그리고 하나님은 예수님을 죽은 자 가운데서 살리시는 엄청난 능력을 나타내셨다.

예수님만이 아니다. 지금은 고인이 된 마더 테레사를 보라. 그 작은 몸에서 나온 희생적 섬김의 행위를 통해서 하나님의 사랑과 능력이 드러나고 수많은 사람이 변화되었음을 우리는 안다. 휴스턴 서울 교회는 '가정 교회'라는 소그룹 사역으로 잘 알려진 교회이다. 그 교회에 출석하던 한 여신도의 남편은 예수님을 믿지 않을 뿐 아니라 이기적이었고 자기 성공만을 위해 살아온 사람이었다. 그런데 그는 자기부인이 속한 목장의 공동체적 삶의 방식에 큰 인상을 받았다.

그 구성원들은 지금까지 자기가 세상에서 본 사람들과는 상당히 달랐다. 그들은 경쟁하지 않았고 진심으로 다른 사람들을 생각해 주는 것 같았으며 조건 없이 서로 봉사하는 것 같았다. 무엇보다 목자 부부가 이타적이고 헌신적으로 섬기는 모습을 보고 감동을 넘어 상당한 충격을 받게 되었다. '저 사람들은 왜 저렇게 할까? 왜 아무 상관도 없는 나를 위해 아까운 돈과 시간을 쓰는 것일까? 자기들에게 무슨 유익이 된다고 도대체 왜 저러는 것일까?' 그 목자의 섬김을 통해 이 비신자의 굳은 마음을 깨트리는 하나님의 능력이 드러났다. 결국 그 사람은 예수님을 믿어 구원을 받았고 지금은 주님을 잘 섬기고 있다고 한다.

섬김, 영향력 플러스

섬김은 하나님의 능력을 드러내는 통로일 뿐 아니라 섬기는 자에게 영향력을 더해 준다. 바울은 보블리오의 아버지와 섬의 병자들을 섬기고 그들을 위해 기도하며 치유하는 사역을 했다. 아픈 사람들을 대하고 그들을 치유하는 것은 힘들고 영적 에너지를 고갈시키는 일이지만 바울은 아무 대가도 없이 그렇게 했다. 섬 사람들이 극진한 예로 대하게 된 것은 바로 이 바울의 봉사 사역 때문이다.

희생적인 봉사와 섬김은 영향력을 가져다준다. 윌리엄 바클레이는 이런 말을 했다. "오직 작은 자만이 작은 일을 거부한다." 다시 말해 진짜 큰 자는 섬긴다는 뜻이다. 예수님은 자리다툼을 하던 제자들에게 섬김의 영향력에 대해 이런 말씀을 하셨다. "너희 가운데서 누구든지 위대하게 되고자 하는 사람은 너희를 섬기는 사람이 되어야 하고, 너희 가운데서 누구든지 으뜸이 되고자 하는 사람은 모든 사람의 종이 되어야 한다."(막 10:43-44)

나는 예수님의 이 말씀이 진리임을 우리 가정에서부터 절실히 느낀다. 내 아내는 우리 아이들에게 나보다 더 영향력이 크다. 나보다 더 섬기기 때문이다. 나는 주로 말만 하지만 아내는 실제로 섬긴다. 아이들이 학교 다닐 때는 매일 아침저녁 차량 봉사를 해 주었고 공부를 도와주었으며 곰팡이 냄새나는 원룸에서 아이들 뒷바라지를 해 주었다. 아내의 섬김 덕분에 우리 아이들은 국영수를 가르치는 학원에 가 본 적이 없다. 내가 생각해도 그 섬김이 존경스럽다. 그녀의 희생적인 섬김이 영향력을 더해 준 것이다.

교회에서도 이는 마찬가지이다. 교회에서 진정으로 존경받는 사람은 다른 성도들과 교회의 유익을 위해 어떤 방식으로든 섬기고 희생하는 사람들이다. 요즘 몇몇 건강한 교회들은 장로들이나 장립 집사들에게 의무적으로 주차 봉사나 화장실 청소 봉사를 시키기도 한다.

섬김을 통해 종의 태도를 갖게 하고 그럼으로써 성도들에게 존경받는 리더가 되도록 돕기 위해서이다. 세미나 참석 등의 이유로 다른 교회에 가서 머리가 희끗한 장로님들이 화장실 청소하는 모습을 보면 그들을 잘 모르는 내 마음도 감동이 됨을 경험한다.

기억하자. 섬김이 영향력을 가져다준다. 이는 교회 공동체적으로도 마찬가지이다. 기독교의 힘은 숫자가 아니라 섬김에 있다. 사람들은 교회가 크다고, 유력한 사람이 많이 속해 있다고, 또는 돈이 많다고 무조건 교회를 존경하지 않는다. 그러나 교회가 정말 낮은 자세로 섬길 때 오히려 마음을 열어 교회가 하는 말을 들으려 할 것이다.

섬김의 근육 강화법

본 장을 마무리하면서 섬김의 도를 배양하기 위한 몇 가지 구체적 방안을 간단히 나누고 가는 것이 좋겠다. 나는 『하나님의 사역 레슨』이라는 이전 책에서 이에 관하여 6가지 정도 제안을 했는데 그것은 다음과 같다.

- 성경 말씀과 성령의 새롭게 하심을 통해 마음(mind)의 변화를 받아 이 땅의 가치관이 아닌 하나님 나라의 가치관을 가져라.
- 이기심을 극복하고 다른 사람을 돌아볼 수 있도록 영적 성숙을 추구하라.
- 서로 간에 복종의 태도를 보일 수 있게 성령의 충만을 구하라.

- 우리의 섬김을 잊지 않고 상 주시겠다는 주님의 보상에 대한 약
  속을 기억하라.
- 격려와 기도와 협동을 위해 섬김의 동역자와 긴밀히 교제하라.
- 대가를 지불할 각오를 하고 헌신하라.

이에 더하여 몇 가지만 더 나누자면 먼저 우리는 섬기는 자가 큰
자라는 예수님의 말씀을 사실로 믿어야 한다. 우리가 잘 섬기지 못하
는 것은 이 말씀을 잘 믿지 않기 때문이 아닐까 싶다. 결국은 믿음의
문제이다. 섬기는 자가 작고 보잘것없는 자라는 세상의 말을 믿을 것
인지 아니면 그런 자가 진정한 리더라는 주님의 말씀을 믿을 것인지
우리는 결정해야 한다. 비록 그렇게 느껴지지 않더라도, 비록 세상에
서 경험하는 것이 말씀과 반대되는 것처럼 보이더라도 우리는 주님의
말씀을 진리로 믿고 그 믿음에 근거해서 행동해야 한다.

두 번째로 우리는 예수님의 십자가 섬김으로 죄 사함과 구원의 복
을 받았음을 기억해야 한다. 예수님은 제2위 하나님으로서 마땅히 우
리 모두를 포함한 모든 피조물의 섬김을 받으셔야 함에도 불구하고
오히려 우리의 속죄와 구원을 위해 자기 목숨을 대속물로 내어 주시
는 최고의 섬김을 베푸셨다. 그 급진적인 섬김으로 인해 영적으로 죽
었던 우리가 생명을 얻었고 하나님의 자녀가 되었으며 언제든지 어디
서든지 하나님께 자유로이 나아갈 수 있게 되었다.

우리는 이 섬김의 행위와 그로 인해 우리가 얻은 유익을 잊어서는
안 된다. 오히려 그 은혜를 기억하고 깊이 묵상하는 가운데 우리도 다

른 사람들을 섬김으로써 주님의 뒤를 따르며 주님의 은혜에 반응해야한다.

마지막으로 우리는 일상 가운데서 크고 작은 섬김의 사역을 실천해야 한다. 사실 일상에서 기회는 무수히 주어진다. 이를테면 직장에서 우리는 동료의 도움을 요청받을 수 있다. 갑자기 차가 멈춰버린 사람을 도울 수 있다. 가정에서도 다양한 섬김의 기회를 직면할 수 있다. 한밤중에 어린 자녀가 울면 깊이 잠든 척 하다 상대가 아이에게 가기 위해 일어설 때야 잠에 취한 모습으로 "내가 가려 했는데 먼저 갔네"라고 하기보다 먼저 일어나 갈 수 있다. 설거지와 청소, 육아 등 여러 가지 일을 주도권을 쥐고 할 수 있다.

가정은 이런 섬김을 연습하기에 참으로 좋은 장소이다. 섬김은 이론이 아니다. 역도처럼 실제로 하는 것을 통해 근육이 커진다. 존 오트버그(John Ortberg)는 『평범 이상의 삶』이라는 자신의 책에서 중요한 수술을 앞둔 자기 부인에게 주말 동안 아이를 봐 달라는 부탁을 받은 한 남편의 이야기를 한다. 그 남편은 중요한 '남자를 위한 집회'에 참석해야 한다며 아내의 부탁을 거절했다. 그 집회는 그리스도인 남편과 아버지는 어떻게 살고 섬겨야 하는가에 대한 것이었다. 그가 아내 섬기기를 거부한 이유는 아이러니하게도 아내를 섬기라는 격려와 가르침을 받기 위해서였다.

우리가 이런 식의 모순에 빠지기가 얼마나 쉬운지 모른다. 섬김은 이론이 아니다. 그것은 본질상 실천적이다. 일상 가운데 평범한 것들, 작은 것들로 실제 섬기는 훈련을 하자. 그런 섬김의 실천을 통해 섬김의 근육이 강화될 것이다.

섬김으로 더 커지다

이제 스스로에게 질문해 보라. 당신은 섬기는 자인가? 그렇지 않다면 그 이유는 무엇인가? 성경의 교훈을 반드시 기억하길 바란다. 섬기는 자가 큰 자이며 섬김이 우리 인생에 영향력을 더해 준다. 섬김은 참된 리더의 가장 중요한 특징이다. 그것은 본 장의 제목처럼 리더의 천국표 배지이다.

미국의 지미 카터 전 대통령을 알 것이다. 퇴임 후 가장 존경받는 대통령이다. 고든 맥도날드는 저서『영적 성장의 길』에서 카터 대통령과 '사랑의 집짓기 운동'에서 함께 봉사한 경험을 이야기한다.

그는 카터 전 대통령이 누구보다 먼저 도착해서 거의 쉬지 않고 일을 한다고 했다. 식사 시간이면 식당용 대형 텐트에 모두 모이는데 카터는 언제나 줄 맨 끝에 섰고 일반인들과 같이 이동용 화장실을 사용했으며 같은 숙소에 묵었다는 것이다. 맥도날드는 카터가 그 주 내내 전직 미국 대통령으로서 누릴 수 있는 모든 특별 대우를 거절했고 오히려 더 낮은 자세로 섬겼다며 놀라움을 표시했다. 카터가 오늘날 그렇게 존경을 받고 사람들에게 선한 영향력을 끼치는 존재가 된 것은 그의 이 섬김의 태도와 결코 무관하지 않다.

섬기는 자가 되자. 가정에서 교회에서 학교에서 또 일터에서 권리만 주장하지 말고, 자기만 생각하지 말고 다른 사람의 유익을 위해 자신을 주고 희생하고 봉사하도록 하자. 주님의 약속을 신뢰하는 가운데 성령의 능력과 주님의 사랑으로 그렇게 하자.

그럴 때 우리는 누군가에게 선한 영향을 끼치며 하나님의 능력을 드러낼 수 있지 않을까? 축복의 통로가 되며 누군가의 삶을 더 풍성하게 만들 수 있지 않을까? 그럴 것이다. 그럴 때 사람들은 우리를 신뢰하고 존경하는 가운데 리더로 인식하게 될 것이며 우리는 진정한 영적 리더십을 행사할 수 있게 될 것이다. 그리고 하나님도 우리를 그 나라의 리더로 인정하시며 우리의 옷깃에 리더의 배지를 달아 주실 것이다.

1. 섬김을 통해 하나님의 능력이나 역사가 나타났던 경우가 있었다면 나누어 봅시다.

2. 당신이 아는 영향력 있는 리더들을 떠올려 보십시오. 그들의 영향력은 섬 김과 어떤 관계가 있다고 생각합니까?

3. 저자는 섬김의 근육을 강화하기 위해 가치관의 전환, 성숙의 추구, 성령의 충만, 보상의 약속에 대한 신뢰, 섬김의 동역자와의 교제, 대가를 지불할 헌신 등 6가지를 제안하였습니다. 이 중에서 당신에게 가장 필요한 것은 무엇이며 왜 그렇게 생각하는지에 대해 나누어 봅시다.

4. 예수 그리스도의 십자가 복음과 섬김은 어떤 관계가 있습니까? 십자가 복 음에 대한 깊은 이해와 묵상이 어떻게 우리를 섬기는 자로 변화시킬 수 있 는지 나누어 봅시다. 자신의 경험을 바탕으로 이야기할 수 있다면 더욱 좋 습니다.

5. 일상은 우리에게 수많은 섬김의 기회를 제공합니다. 당신이 일상에서 실 천할 수 있는 섬김에는 구체적으로 어떤 것들이 있을까요?

14

Learn leadership in the Acts of the Apostles

끈기, 리더의 승부수

사도행전 28:17-31

무언가를 시작하는 것은 그렇게 어렵지 않다. 그러나 끈기를 가지고 끝까지 가는 것은 다른 문제이다. 우리 대부분은 중간에 무언가를 포기한 경험이 있다. 고든 맥도날드는 앞서 언급한 저서『영적 성장의 길』에서 어머니 쪽 집안사람들이 다 '중도 포기자들'이라고 하는 이종사촌의 말을 인용한다. 어머니만 하더라도 늘 바빴는데 제대로 되는 일은 거의 없었다고 했다. 일자리를 구해도 얼마 못 가 그만두었고 집안에서 뭔가 일을 벌였다가도 끝을 맺지 못했다고 했다. 그러면서 자신에게도 어머니 집안의 중도 포기 유전자가 있는 것 같다고 했다.

고든 맥도날드나 그 어머니 집안사람들에게만 그런 유전자가 있는 것은 아니다. 나는 언젠가 내 학생 시절 물품들을 정리하다가 고등학교 때 사용한 영어 자습서를 본 적이 있다. 앞부분은 줄도 쳐져 있고 손때도 묻어 있었지만, 뒷부분은 마치 새 책처럼 깨끗했다. 중간에 포기한 것이다. 읽다 만 책, 배우다 만 악기, 하다 만 공부, 만들다 만 작품의 이야기는 누구에게나 있는 이야기이다.

하나님께 쓰임받고 누군가에게 선한 영향력을 지속적으로 미치려면 우리에겐 끈기가 필요하다. 조금 해 보다가 그만두는 사람은 뭔가를 이룰 수도 없고 영향력을 미칠 수도 없다. 영적 끈기가 없는 사람은 신앙적으로 성장하기도 힘들고 자신의 영역에서 잠재력을 온전히 개발할 수도 없다.

이 세상 일에도 그렇지만 영향력 있는 기독교 사역에는 포기하지 않고 가는 끈기가 반드시 있어야 한다. 이 장의 제목처럼 끈기는 리더의 승부수이다. 사도행전의 마지막 부분인 28장 17절부터 31절까지 기록된 이야기에서 바울은 놀라운 끈기를 우리에게 보여준다.

쇠사슬도 못 막는 전도자

    바울은 그가 그토록 가길 원했던 로마에 마침내 왔다. 그러나 자신이 꿈꾸던 방식은 아니었을 것이다. 그는 환영받는 설교자가 아니라 죄수로 이곳에 왔다. 그리고 병사의 감시 하에 쇠사슬에 묶인 채로 가택 연금되었다. 말하자면 수감자가 된 것이다. 우리 같으면 의기소침해서 모든 의욕을 잃고 늘어지거나 자기 연민에 빠져 하나님을 원망했을 법도 하다. 그러나 바울은 그러지 않았다. 가택 연금된 후 불과 사흘 만에 그는 바로 사역을 시작했다. 그는 로마에 살고 있는 유대인 지도자들을 초청했다.

> [17]사흘 뒤에 바울은 그 곳 유대인 지도자들을 불러모았다. 그들이 모였을 때에, 바울은 이렇게 말하였다. "동포 여러분, 나는 우리 겨레와 조상들이 전하여 준 풍속을 거스르는 일을 한 적이 없습니다. 그런데도 나는 죄수가 되어서, 예루살렘에서 로마 사람의 손에 넘겨졌습니다. [18]로마 사람은 나를 신문하여 보았으나, 사형에 처할 만한 아무런 근거가 없으므로, 나를 놓아주려고 하였습니다. [19]그러나 유대 사람이 반대하는 바람에, 하는 수 없이 내가 황제에게 상소한 것입니다. 나는 절대로 내 민족을 고발하려는 것이 아니었습니다."(행 28:17-19)

바울은 그들의 마음을 열기 위해 그들을 동포라고 부르면서 자신의 무죄함에 대해 먼저 설명했다. 특별히 자기 민족인 유대인들의 풍속을 거스르는 일을 하거나 그들을 고발하려는 의도가 없음을 분명히 했다.

그런 다음 바울은 본격적인 작업에 들어간다. 예수 그리스도를 소개하려 한 것이다. "이런 까닭으로, 나는 여러분을 뵙고 말씀드리려고, 여러분을 오시라고 청한 것입니다. 내가 이렇게 쇠사슬에 매여 있는 것은, 이스라엘의 소망 때문입니다."(행 28:20) 그는 자신이 묶여 있는 참 이유가 '이스라엘의 소망' 때문이라고 말했다. 예수님을 이스라엘의 소망이라고 표현한 것이다. 유대인들의 관심을 끌기 위해 이런 표현법을 쓴 것이 틀림없다. 바울의 말처럼 예수님은 이스라엘이 그토록 바라던 메시아일 뿐 아니라 그들이 믿는 구약에 포함된 모든 약속의 실현이며 성취이시다.

이에 대해 유대인 지도자들은 이렇게 대답한다.

[21]그들이 바울에게 말하였다. "우리는 아직 유대로부터 당신에 관한 편지를 받은 일도 없고, 동포들 가운데서 아무도, 여기에 와서 당신에 대하여 나쁘게 말하거나 소문을 낸 일이 없습니다. [22]우리는 당신에게서 당신의 생각을 들어보고 싶습니다. 이 종파에 대하여 우리가 아는 것은, 어디서나 이 종파를 반대하는 소리가 높다는 것입니다."(행 28:21-22)

그들은 바울과 거리를 두기 위해 바울에 대해 들어보지 않았다고 말했다. 그리고 기독교에 대해서도 잘 모른다고 말했다. 그러나 그것은 거짓일 가능성이 크다. 자기들의 안전을 염려해서 그러지 않았을까? 본문에 의하면 그들은 기독교를 그저 하나의 유대교 종파 정도로 알고 있었다. 일종의 유대교 이단으로 생각한 것이다. 아울러 그들은 바울이 전하는 기독교가 사방에서 반대의 목소리에 부딪힌다는 사실만 안다고 덧붙였다.

그러나 바울은 그들의 그런 말에 낙심하지 않았다. 오히려 바울은 그들과 약속을 해서 또 만났다. 이번에는 더 많은 사람이 왔다.

[23]그들은 바울과 만날 날짜를 정하였다. 그 날에 더 많은 사람이 바울의 숙소로 찾아왔다. 그는, 아침부터 저녁까지, 그들에게 하나님 나라를 엄숙히 증언하고, 모세의 율법과 예언자의 말을 가지고 예수에 관하여 그들을 설득하면서 그의 속내를 터놓았다. (행 28:23)

바울은 아침부터 저녁까지 하나님 나라와 예수님에 대해 말했다. 30분 설교가 아니다. 두 시간 특강도 아니다. 아마 한 열 시간 정도를 했는지 모른다. 밤새도록 설교해서 이미 한 사람을 죽을 뻔하게 만들었던 바울이지만 그는 설교를 줄이지 않는다. 바울의 열정이 느껴지는가? 그곳은 오늘날의 교회 강단처럼 설교하기에 좋은 환경이 아니었다. 거기다 바울은 지금 죄수의 신분이다. 쇠사슬에 묶인 사람이 열 시간 이상을 예수님에 대해 말하고 있다.

반응은 갈렸다. "더러는 그의 말을 받아들였으나, 더러는 믿지 않왔다."(행 20:24) 이 구절은 나 같은 설교자들에게 위로를 준다. 바울처럼 성령 충만하고 열정에 넘친 전도자가 설교를 해도 다 믿지는 않는다. 그러나 로마의 유대인 지도자 중 일부는 그리스도인이 되었다. 바울은 지옥의 문을 후퇴시키는 위업을 달성했다.

돌아가는 그들에게 바울은 구약 이사야서를 인용하며 경고했다. 이 경고는 집단적으로 이스라엘에게 적용될 뿐 아니라 개인적으로도 적용된다.

> [25]그들이 이렇게 견해가 서로 엇갈린 채로 흩어질 때에, 바울은 이런 말을 한 마디 하였다. 성령께서 예언자 이사야를 통하여 여러분의 조상에게 하신 말씀은 적절합니다. [26]곧 이런 말씀입니다. '이 백성에게 가서 말하여라. 너희가 듣기는 들어도 깨닫지 못하고, 보기는 보아도 알지 못한다. [27]이 백성의 마음이 무디어지고 귀가 먹고 눈이 감기어 있다. 이는 그들로 하여금 눈으로 보지 못하게 하고 귀로 듣지 못하게 하고 마음으로 깨닫지 못하게 하고 돌아서지 못하게 하여, 내가 그들을 고쳐 주지 않으려는 것이다.'(행 28:25-27)

이 하나님의 경고에 대해 권위 있는 신약학자 하워드 마샬(Howard Marshall)은 자신의 『틴데일 신약주석 시리즈 사도행전』 주석에서 이런 설명을 한다.

하나님의 말씀은 죄를 진단하는데 그것을 듣고 수용하기는 고통스러우

나 동시에 그 상처는 치유를 가져온다. 일단 사람이 의도적으로 말씀을 거부하면 그가 그것을 수용할 수 있는 능력을 박탈당하는 때가 온다. 그것은 복음을 경시하는 자들에 대한 무서운 경고다. (Tyndale New Testament Commentaries, Acts, 425.)

이어서 바울은 그들의 완고함 때문에 하나님의 섭리 가운데 복음이 이제 이방인들에게 간다고 말했다. "그러므로 여러분은 하나님의 이 구원의 소식이 이방 사람에게 전파되었음을 알아야 합니다. 그들이야말로 그것을 듣고 받아들일 것입니다."(행 28:28)

로마 당국은 바울의 재판을 서두를 아무 이유가 없었다. 따라서 바울은 2년 동안 연금된 상태로 지내면서 찾아오는 사람들을 맞고 계속해서 복음을 전했다. 바울은 정말 포기할 줄을 모른다.

> [30]바울은 자기가 얻은 셋집에서 꼭 두 해 동안 지내면서, 자기를 찾아오는 모든 사람을 맞아들였다. [31]그는 아무런 방해도 받지 않고, 아주 담대하게 하나님 나라를 전하고, 주 예수 그리스도에 관한 일들을 가르쳤다. (행 28:30-31)

빌레몬에게서 도망쳐 나온 종 오네시모가 이때의 열매다. 바울은 또한 이 기간에 쇠사슬에 묶인 채로 '옥중서신'이라고 알려진 에베소서, 빌립보서, 골로새서, 빌레몬서 등 네 서신을 썼다. 누가는 승리자의 톤으로 이 책을 끝맺는다. 이 마지막은 미완성이라고 할 수 있지만 진행형이라고 할 수도 있다. 누가는 전도자들에게 무슨 일이 일어나든지 하나님 나라의 복음이 온 세상에서 막힘없이 진군할 것이라는 사실을 알려 주고 싶었던 것이다.

버티는 자가 승리자

바울의 이 이야기는 포기하지 않고 끈기 있게 버티는 자가 승리자임을 분명히 보여준다. 당시 외적인 상황으로만 보면 바울은 영락없는 패자의 모습이었다. 그는 쇠사슬에 묶여 로마 군인의 감시를 받는 죄수이다. 그는 늙었고 병약했다. 돈도 없고 직위도 없다. 그러나 그모든 악조건 가운데서도 그는 포기하지 않았다. 본문의 이야기를 잘보라. 누가 승자 같은가? 바울을 감옥에 넣은 로마 당국인가? 바울을 지키던 로마 군인인가? 자유로운 몸으로 바울을 찾아온 유대인 지도자들인가? 그 누구도 아니다. 바울이 바로 승리자이다.

끈질기게 버티는 사람은 이길 도리가 없다. 나폴레옹은 이렇게 말했다. "승리는 가장 끈기 있는 사람에게 돌아간다." 고등학교 때 우리반의 한 친구가 생각난다. 키도 작고 외적으로 별 볼 일 없는데 아주독종이었다. 한번 싸움을 하면 아무리 맞아도 절대 포기하지 않고 끝까지 덤볐다. 결국은 그 친구가 이겼다. 요한은 요한계시록 2장 26절에서 믿음으로 주님의 일을 끝까지 지키는 사람을 이기는 사람으로 규정했다. 끈기를 갖고 선한 싸움을 싸우며 달려갈 길을 완주하는 사람이 하나님 나라의 승리자가 될 것이다.

그러므로 우리는 쉽게 포기하지 말아야 한다. 미국의 프로 야구 선수 출신인 요기 베라(Yogi Berra)는 "끝날 때까지 끝난 것이 아니다(It ain't over till it's over)"라는 유명한 말을 남겼다. 미국에서 가장 존경받는 대통령 가운데 한 사람인 아브라함 링컨은 포기하지 않는 것이 얼마나 중요한가를 잘 보여주는 한 사례이다.

그의 인생은 어려움과 실패로 점철되어 있었다. 링컨의 아버지 토머스 링컨은 가난한 농부였고 어머니 낸시 행크스 링컨은 미혼모의 딸이었으며 둘 다 문맹이었다. 그 부모 밑에서 어린 시절을 보낸 링컨은 지독한 가난에 시달렸으며 성장한 이후에도 많은 실패를 경험했다. 링컨을 연구한 전문가들은 링컨이 27번의 실패를 거듭했다고 한다. 다음은 그중 일부이다.

15세 - 집을 잃고 길거리로 쫓겨남

23세 - 사업 실패

24세 - 주 의회 선거에서 낙선

25세 - 사업 파산(이 빚을 갚기 위해 17년간 고생하였음)

26세 - 약혼자 갑작스런 사망

28세 - 신경쇠약으로 입원

30세 - 주 의회 의장직 선거에서 패배

32세 - 정부통령 선거위원 출마 패배

35세 - 하원의원 선거 낙선

36세 - 하원의원 공천 탈락

40세 - 하원의원 재선거 낙선

47세 - 상원의원 선거 낙선

48세 - 부통령 후보 지명전 낙선(100표차)

50세 - 상원의원 출마 낙선

이처럼 링컨의 삶에 어려움이 거듭되자 그의 친구들이 모든 칼과 면도날을 그의 주변에서 다 치워버릴 정도였다고 한다. 그러나 링컨은 절망의 감옥에 갇혀 있지 않았고 포기하지도 않았다. 끝날 때까지는 끝난 것이 아님을 알았기 때문이었다. 그의 말을 들어보라.

난 낙선했다는 이야기를 듣고 곧바로 음식점으로 달려갔다. 그러고는 배가 부를 정도로 많이 먹었다. 그 다음 이발소로 가서 머리를 곱게 다듬고 기름도 듬뿍 발랐다. 이제 아무도 나를 실패한 사람으로 보지 않을 것이다. 왜냐하면 난 이제 곧바로 또 시작을 했으니까... 배가 든든하고 머리가 단정하니 걸음걸이가 곧을 것이고 목소리는 힘이 찰 것이다. 내 스스로 다짐한다. 다시 힘을 내자. 아브라함 링컨! -『링컨의 일생』중에서

그는 끈기라는 승부수를 던졌다. 마침내 링컨은 52세 되던 해, 미국의 16대 대통령에 당선되고 이듬해 또 한 번 대통령에 재선되었다. 그리고 미국에서 노예 해방의 위대한 업적을 이루었다. 수많은 실패와 역경에도 좌절하지도 포기하지도 않았기 때문이었다. 끈질기게 버

티며 도전과 희망을 버리지 않았기 때문이었다.

어려움이 있더라도 포기하지 말기 바란다. 하나님의 말씀도 포기하지 않고 버티면 때가 이를 때 거두게 된다고 분명히 약속한다. "선한 일을 하다가, 낙심하지 맙시다. 지쳐서 넘어지지 아니하면, 때가 이를 때에 거두게 될 것입니다."(갈 6:9)

기회가 올 때까지

사도행전 28장의 이 이야기는 또한 끈기 있게 사명을 감당하면 어떤 상황에서든 영향력의 기회를 가질 수 있음을 보여준다. 바울을 보라. 그는 묶인 몸이 되었지만 사명을 포기하지 않았다. 자기가 할 수 있는 대로 끈질기게 무언가를 하였더니 유대인 지도자들 일부와 오네시모 등 사람들을 얻었고 에베소서와 같은 옥중서신을 쓰는 등 여러 사람에게 영향력을 끼칠 기회를 가지게 되었다. 심지어 그는 자기를 지키는 로마 군인과 황제의 집안에 속한 사람에게까지 복음을 전할 수 있게 된다.

그가 이때 썼던 빌립보서의 마지막 인사말에 보면 빌립보 성도들에게 문안하는 사람들 가운데 황제의 집안에 속한 사람들이 나온다. "모든 성도가 여러분에게 문안합니다. 특히 황제의 집안에 속한 사람들이 여러분에게 문안합니다."(빌 4:22) 어떻게 로마 황제의 집안에 속한 사람들이 그리스도인이 되었을까? 바울을 지키는 군인들은 황제의 친위대에 속한 사람들인데 이들을 통해 복음이 황제의 집안에 속한 사람들에게까지 들어간 것이다. 그리고 그로부터 250년이 지나 로마 제국은 기독교 국가가 된다.

끈기를 가지자. 포기하지 않으면 기회는 온다. 2015년 월드 베이스볼 한일전 경기에서 있었던 일이다. 한국팀은 일본의 괴물 선발투수 오타니에 묶여 한 점도 못 내며 3점 차로 계속 지고 있었다. 그러나 한국팀은 포기하지 않았고 결국 9회에 기회를 잡았다. 시합 후에 오타니 선수는 "아, 분하다. 한국팀은 끈기가 있었다."라고 말했다 한다. 그야말로 끈기가 한국팀의 승부수였던 것이다.

상황이 어려운가? 애를 많이 써 봤지만 잘 안 되는가? 기도의 응답이 계속 지연되는가? 자녀가 돌아오지 않는가? 배우자가 계속 속을 썩이는가? 전도의 열매가 안 맺히는가? 사역이 생각만큼 잘 안 되는가? 교회에 어려움이 있는가? 낙심하지 마라. 포기하지도 마라. 끈기를 갖고 근성 있게 하나님을 신뢰하며 사명을 계속 붙잡기 바란다. 기회가 올 것이며 열매가 맺힐 것이며 누군가에게 선한 영향을 줄 수 있을 것이다. 그리고 더 나아가 교회도 건강하게 세워질 것이다.

끈기 기르기

이 장을 마무리하면서 끈기를 기르는 방법 몇 가지를 나누고 싶다. 첫째, 하나님께서 하라고 맡겨 주신 일을 계속 해야 한다. 감정의 명령에 순종하지 말고 이성과 의지의 위대한 힘을 발휘해서 해야 할 일을 계속 하는 것이다. 인간은 감정의 무력한 종이 아니다. 나이키 회사의 광고 문구처럼 그냥 하라. Just do it!

둘째, 포기는 습관이 될 수 있음을 인식해야 한다. 한번 어렵다고 포기하면 다음번에는 더 쉽게 포기할 것이다. 신학교 1학년 때 청소 아르바이트를 했다. 저녁에 네 시간을 일하면 밤 12시부터 공부를 해야 했다. 영어도 달리는 외국인으로서 일하고 공부하는 것이 너무 힘들었다. 학기말 고사 기간에 한 미국인 선배에게 힘들다고 하소연을 했더니 그는 내 어깨를 두드리면서 "버텨라, 버텨!"라고 말했다. 그의 말처럼 버텨야 한다. 끈기도 포기도 다 습관이기 때문이다.

셋째, 조급증을 버리고 긍정적으로 생각해야 한다. 인생도 믿음도 다 장기전이다. '1만 시간의 법칙'이라고 들어보았는가? 어떤 영역이건 전문가가 되기 위해서는 1만 시간을 투자해야 한다는 것이다. 뭐든지 가치 있는 것은 즉석에서 되지 않는다. 많은 시간과 노력이 필요하다. 서두르지 말고 장기전으로 갈 준비를 해야 한다.

넷째, 큰 그림을 보아야 한다. 지금 자기 상황과 자신의 좁은 세계에 갇히지 말고 하나님의 관점으로, 또 영원의 관점으로 삶의 정황과 사건을 바라보라는 뜻이다. 바울은 감옥에 갇혀서도 큰 그림을 보았다. 우리의 삶과 사역은 장기적인 관점으로 평가해야 한다. 영향력을 미치는 삶은 더욱 그렇다. 특별히 리더들은 바울처럼 큰 그림을 보는 훈련을 해야 한다.

다섯째, 하나님의 약속을 붙잡고 하나님을 의지해야 한다. 앞서 언급했던 갈라디아서 6장 9절과 같은 말씀을 붙들어라. 냉장고나 사무실 벽에 붙여 놓고 암송하라. 그리고 끝까지 하나님을 의지하라. 예수님이 끝까지 하나님 아버지를 의지하고 십자가를 견디신 것이 감사하지 않은가? 그분이 포기하기를 거부하시고 계속해서 하나님을 의지하기로 선택하셨기 때문에 우리가 지금 하나님의 자녀로 살아갈 수 있는 것이다.

우리가 살아가는 삶의 길에 어떤 일이 있을지 우리는 모른다. 내가 생각했던 대로 되지 않을 가능성이 적지 않다. 기도를 하고 사역을 하고 복음을 전하고 선한 일을 했지만 결과가 없는 것처럼 느껴질 수도 있다. 내 인생이 아무런 선한 영향도 미치지 못하는 것처럼 생각될 수도 있다. 교회가 별다른 열매가 없이 늘 그 상태에 머물러 있는 것처럼 보일 수 있다. 그렇다 하더라도 포기하지 말자. 낙심하지도 말자. 계속해서 끈기 있게 해야 할 일을 하자.

끈기야말로 리더의 경쟁력이자 승부수임을 인식하면서 그렇게 하자. 그러면 하나님께서 도와주시고 이끄실 것이다. 하나님께서 사용하실 것이다. 선한 영향을 미칠 수 있을 것이며 때가 이르면 열매가 맺히고 거둘 수 있을 것이다. 그렇다. 포기하지 않고 견뎌 낸 당신이 결국 승리할 것이다! 반드시 그럴 것이다.

1. 무언가를 시작했지만 끝내지 못하고 중도에 포기한 경우가 있었습니까? 그것이 무엇인지 왜 포기했는지, 그 결과는 어땠는지 나누어 봅시다.

2. 포기하지 않고 끈질기게 버텨 내 마침내 승리를 이룬 경험이 있습니까?

3. 갈라디아서 6장 9절의 말씀을 같이 읽어 봅시다. "선한 일을 하다가 낙심하지 맙시다. 지쳐서 넘어지지 아니하면 때가 이를 때에 거두게 될 것입니다." 이 말씀은 당신에게 끈기를 가지도록 어떻게 격려합니까?

4. 당신이 아는 지도자 가운데 가장 끈기 있는 지도자는 누구입니까? 그는 어떻게 끈기를 통해 영향력의 범위를 넓혔을까요?

5. 저자는 끈기를 기르기 위해 다음의 5가지를 제안합니다. 이 가운데 당신에게 가장 필요한 것은 무엇입니까? 그리고 그것에 대해 당신은 무엇을 할 수 있습니까?
   • 하나님께서 하라고 맡겨 주신 일을 계속 해야 한다.
   • 포기는 습관이 될 수 있음을 인식해야 한다.
   • 조급증을 버리고 긍정적으로 생각해야 한다.
   • 큰 그림을 보아야 한다.
   • 하나님의 약속을 붙잡고 하나님을 의지해야 한다.

이 모든 것이 은혜입니다!

사도행전은 과연 리더행전이다. 거기서 우리는 공식적인 직책을 가졌든 그렇지 않든 1세기의 세상에 예수 그리스도의 이름으로 선한 영향을 미쳤던 그리스도인들과 교회들을 만난다. 그리고 그들로부터 영적 리더십에 대한 소중한 교훈들을 배웠다.

이제 펜을 내려놓으면서 한 사람의 리더로서 나 자신을 그 레슨들에 비추어 본다. 아직은 턱없이 부족하다는 생각을 금할 수가 없다. 그래서 겸손히 무릎을 꿇고 최고의 리더이신 주 예수 그리스도를 바라본다. 사도행전 속의 리더들이 그랬던 것처럼 그분을 더 본받고 그분의 발자취를 더 가까이 좇아가야겠다는 결의를 다진다.

바라기는 여기까지 함께 온 모든 독자도 주께서 사도행전을 통해 주신 리더십의 레슨들을 마음에 새기는 가운데 함께 그분을 따르고 그분의 모습을 본받았으면 하는 것이다. 사도 바울이 고린도 교회의 성도들에게 담대히 권면한 것처럼 "내가 그리스도의 본을 따른 것처럼, 여러분도 나의 본을 따르십시오."(고전 11:1)라고 말할 수 있었으면 좋겠다. 그것이야말로 진정한 영적 리더십의 요체가 아닌가? 그것이야말로 나를 포함한 모든 크리스천 리더가 하고 싶은 고백과 권면이 아닌가?

비록 지금은 부족하고 미진한 면이 적지 않지만 은혜의 주께서 그 지점까지 우리를 이끌어 주시리라 믿는다. 해서 나는 오늘도 부끄러움을 뒤로 하고 소망 가운데 용기를 내어 그리스도의 본을 따라 리더로서의 발걸음을 내딛는다.

그렇다. 진실로 주님은 은혜의 주님이시다. 그렇지 않았다면 나 같은 사람이 한 교회를 이끄는 목사가 되었을 수도 없었고 이런 책을 쓸 수는 더더욱 없었을 것이다. 그 주님께 마음을 다해 감사하며 모든 영광을 돌린다. 주께서 더 큰 은혜를 베풀어 이 작은 책을 주의 나라를 위해 사용해 주시기를 간구할 따름이다.

이 책이 빛을 볼 수 있기까지 주님의 도구가 되어 수고하고 또 다양한 방법으로 동역하며 격려해 준 모든 분에게도 감사를 드린다. 우선 여러모로 미흡한 리더인 나를 받아 주고 더 좋은 리더가 되도록 오랜 시간 기도와 따뜻한 사랑으로 함께해 준 사랑빛는교회의 모든 권속에게 감사를 표한다.

아울러 바쁜 시간 가운데서도 이 책의 원고를 읽고 과분한 추천의 글로 격려해 주신 김관성, 박정근, 이재학 목사님, 그리고 손창남, 함병우 대표님께도 깊이 감사드린다. 그분들이야말로 주 예수 그리스도의 본을 따르는 가운데 이 책에 제시된 리더십의 원리들을 실천하는 훌륭한 리더들이라고 믿는다.

이 책의 출판을 위해 주께서 만나게 해 주신 샘솟는기쁨 출판사의 강영란 대표님과 이진호 이사님, 그리고 이 책이 더 좋은 모습을 갖추도록 수고해 주신 모든 관계자 분께도 감사드린다. 그분들의 격려와 세심한 조언, 그리고 탁월한 수고가 없었다면 이 책은 지금과 같은 모습으로 세상에 나올 수 없었을 것이다.

마지막으로 늘 나의 안식처와 에너지원이 되어 주는 가족들에게 사랑과 감사를 전한다. 그들이 있기에 나는 오늘도 용기를 잃지 않고 세상을 향해 발걸음을 뗄 수가 있고 주께서 맡기신 일을 감당할 수 있으며 이런 책도 쓸 수가 있다.

그렇다. 모든 것이 감사하다! 모든 것이 은혜다!

2021년 10월의 끝자락에

이재기 목사